북한을 **새롭게** 알면
통일이 보인다

북한을 새롭게 알면
통일이 보인다

지은이 | 김상수
초판 발행 | 2019. 6. 12

등록번호 | 제1988-000080호
등록된 곳 | 서울특별시 용산구 서빙고로65길 38
발행처 | 사단법인 두란노서원
영업부 | 2078-3352 FAX | 080-749-3705
출판부 | 2078-3331

책값은 뒤표지에 있습니다.
ISBN 978-89-531-3489-8 03230 Printed in Korea

독자의 의견을 기다립니다.
tpress@duranno.com www.duranno.com

두란노서원은 바울 사도가 3차 전도여행 때 에베소에서 성령 받은 제자들을 따로 세워 하나님의 말씀으로 양육하던 장소입니다. 사도행전 19장 8-20절의 정신에 따라 첫째 목회자를 돕는 사역과 평신도를 훈련시키는 사역, 둘째 세계선교(TIM)와 문서선교 (단행본·잡지) 사역, 셋째 예수문화 및 경배와 찬양 사역, 그리고 가정·상담 사역 등을 감당하고 있습니다. 1980년 12월 22일에 창립된 두란노서원은 주님 오실 때까지 이 사역들을 계속할 것입니다.

탈북민,
한국 교회에 심어준
하나님의 밀알

북새통
북한을 좋게 알편 통일이 보인다

김상수 지음

두란노

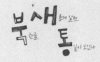

3부 북한을 새롭게 알면 통일이 보인다

김성묵 _ (사) 두란노아버지학교 운동본부 이사장

김상수 목사님의《북한을 새롭게 알면 통일이 보인다》를 읽으며 탈북
민들의 고단한 삶을 영적인 문제로 해석하고 있다는 점이 매우 신선하
게 다가왔다. 앞으로 다가올 한반도 통일 시대는 아버지의 역할이 매
우 중요한 이슈가 될 것이다. 이에 아버지학교가 무엇을 준비하고 무
너진 가정과 북한의 아버지들을 어떻게 세워야 하는지 탈북민의 양육
과 복음화를 통해 다시 한 번 생각해 보는 계기가 되었다. 한국 교회와
그리스도인들에게 이 책을 기쁘게 추천한다.

김영미 _ 성악가, 한국예술종합대학 교수

통일은 정치인이 아니라 교회의 책임이라는 말이 무척 마음에 와 닿
는다. 교회와 그리스도인이 일어나 통일을 노래하며 한반도에 울려 퍼
질 하나님의 은혜를 상상해 본다.

김창근 _ 무학교회 담임목사

평소에 북한과 통일에 관심이 많았던 김상수 목사님의 책 출간을 진심으로 축하드립니다. 탈북민들은 '고향을 잃어버린 순례자의 영혼 같다'는 목사님의 표현에 깊이 공감합니다. 이 책을 통해 하나님 나라의 실향민인 모두가 그들을 본향으로 인도하는 한국 교회가 되었으면 좋겠습니다.

김혜자 _ 배우, 《꽃으로도 때리지 말라》 저자

이 책을 읽고 또 읽으며 많이 울었다. 그리고 사랑의 반대말은 미움이 아니라 무관심이라는 사실을 새삼 깨닫게 되었다.

김홍국 _ 하림그룹 회장

한 기업인으로 통일이 오면 어떻게 사회에 기여할 수 있을지 고민해 보게 되는데, 이 책을 통해 한반도 통일이 단순히 경제적 가치가 아니라 모든 영역에서 하나님 나라가 이루어지는 것임을 깨닫게 되었다.

민경일 _ 전 하나공동체 팀장

김상수 목사님은 북한 선교란 남한 교회가 한 알의 밀알이 썩는 과정이 되어야 한다고 늘 강조하신다. 통일이란 다른 두 사람이 하나가 되어 가는 과정이기 때문이다. 그런데 나 자신도 예수님의 섬김이 아니라 썩는 냄새를 고약하게 풍기며 퇴비처럼 섬길 때가 많다. 남북한이 얼마나 정치, 경제, 사회, 문화, 교육 면에서 다른 세계 속에 살아왔는

지 다시 한 번 이 책을 통해 깨닫게 된다.

박종길 _ 서빙고 온누리교회 담당목사

오랜 분단으로 문화적 이질감이 큰 남북한 사람들이 주 안에서 예수님의 사랑을 알아 가고 하나님 나라를 세워 가는 모습이 너무 아름다워 뜨거운 가슴이 벅차오르게 됩니다. 양재 온누리교회 하나공동체를 믿음으로 잘 섬기고 양육하신 김상수 목사님의 사역이 이번에 책으로 출간되어 매우 기쁘게 생각합니다. 김상수 목사님은 마음이 따뜻한 분으로 중국에서 사역할 때도 어렵고 힘든 분들을 향한 남다른 사랑과 헌신이 있었고, 문제에 대한 정확한 판단과 통찰력을 가지고 해결해 나가는 귀한 목회자입니다. 그런 성품과 은사가 이 책에도 잘 사용되었습니다. 이 책을 통해 통일은 하나님의 뜻이며 언젠가 오게 될 통일을 이렇게 준비해야겠다는 다짐을 해 보게 됩니다.

유기성 _ 선한목자교회 담임목사

통일은 한국 교회가 짊어져야 할 자기 십자가입니다. 우리 시대의 분단 문제를 하나님 나라의 관점에서 바라보는 통찰력 있는 이 책은 탈북민이야말로 하나님이 통일을 준비시키기 위해 먼저 보내신 사람들이라고 해석합니다. 곧 탈북민은 통일의 창문이며, 통일의 준거점이라고 강조하고 있습니다. 저자의 말대로 한국 교회가 '이미' 온 이들을 잘 돌보고 섬기지 않으면서 어떻게 '아직' 오지 않은 통일을 기대할 수 있겠습니까?

이상준 _ 양재 온누리교회 담당목사

《북한을 새롭게 알면 통일이 보인다》는 제목 그대로 북한을 새롭게 볼 수 있는 관점을 열어 주는 책이다. 저자의 주장대로 우리는 아프리카보다 북한을 모르기 때문이다. 사실 탈북민과 남북 외교관계 및 통일 관련 이슈는 정치적으로 편향되기 매우 쉬운 주제다. 김상수 목사님은 온누리교회 하나공동체를 섬긴 경험을 통해 매우 실제적인 토대 위에서 이 주제를 다루고 있다. 더 나아가 정치사회적 관점도 균형감 있게 알려 줄 뿐 아니라 궁극적으로 하나님 나라의 회복이라는 신앙적·선교적 관점으로 이 이슈에 대한 해법을 아주 건강하게 제시해 주고 있다. 남북 관계와 통일 시대에 그리스도인이라면 반드시 읽어야 할 책이다. 또한 모든 한국 교회가 필독하고 적용해서 건강한 통일을 준비하는 데 밑거름이 되었으면 하는 바람이다.

이재훈 _ 온누리교회 담임목사

16년 전 고(故) 하용조 목사님이 시작한 하나공동체는 자유를 찾아 이 땅에 온 탈북민들의 피난처와 같은 곳입니다. 하나공동체의 축복은 남북한 지체들이 하나 되는 통일 공동체를 이루고 있다는 것입니다. 이번에 김상수 목사님이 탈북민들이 제자 훈련을 받고 변화되어 가는 양육 과정을 책으로 출간한 것을 매우 기쁘게 생각합니다. 이 땅에서 남북한이 하나 되어 가는 과정은 앞으로 경험하게 될 남북한의 통일의 예고이기 때문입니다. 하나님의 사랑과 십자가의 섬김으로 한반도 통일을 꿈꾸는 모든 성도들에게 이 책의 일독을 권합니다.

이정미 _ 판사, 전 헌법재판소장 권한대행

그리스도인으로서 통일이 오기 전 무엇을 준비해야 하는가를 보여 주는 이 책은 법과 제도적 통일 이전에 사람의 통일이 더 중요함을 알게 해 준다.

임성빈 _ 장로회신학대학교 총장

저자는 이 책을 통해 '통일'은 성경과 하나님의 뜻이며 예수님께서 보여주신 디아코니아(섬김)와 교회의 코이노니아(참된 공동체)로 통일을 앞당길 수 있다고 역설합니다. 인간의 존엄성을 지키고 실천하며 남과 북이 가진 서로 간의 차이를 극복할 수 있는 힘은 기독교적 문화 형성에 있습니다. 이 책은 독자들에게 '하나님의 형상'으로 모두가 똑같이 지음 받은 남북한 사회가 지향해야 할 성서적 세계관과 가치관을 잘 보여 주는 책이라고 생각돼 적극 추천합니다.

주선애 _ 장로회신학대학교 명예교수

탈북민인 나 자신이 김상수 목사님의 책을 읽으며 내 마음과 너무도 비슷하다는 생각을 여러 번 하게 되었다. 이 책은 한국 교회가 북한을 어떻게 이해하고 섬겨야 하는지 보여 주는 매우 실제적인 지침서다. 한반도의 평화와 통일을 바라는 모든 사람들에게 권하고 싶다. 한국 교회가 탈북민들을 통해 북한을 이해하고 평화를 실천하는 사람들이 되었으면 좋겠다.

최광 _ 황금종교회 목사, 《내래, 죽어도 좋습네다》 저자

중국에서 사역할 때부터 북한을 사랑하는 김상수 목사님의 도움을 많이 받았다. 이번에 온누리교회 탈북민 사역과 통일에 관한 책이 나온다니 복음적 통일 운동에 공헌하는 영적인 촉매제가 될 것이다.

현영애 _ 탈북민 자매

사선을 넘어서 남한에 온 탈북민들의 고통과 아픔을 누가 이해해 줄수 있을까. 평소 탈북민들에게 용기와 희망을 주는 김상수 목사님의 사역이 이 책 속에 고스란히 사랑으로 담겨 있음을 알 수 있다.

황의서 _ 장로, 온누리교회 통일위원회 위원장

김상수 목사님은 항상 이론에 머무르지 않고 생각하는 것을 실천과 섬김으로 옮기는 분이다. 탈북민들을 함께 섬기며 이러한 사랑을 나누는 것을 옆에서 지켜볼 수 있었다. 이 책에 그 내용이 고스란히 담겨져 있다.

"제 이름은 최경철입니다."

어느 날, 하나공동체[1] 예배를 마친 뒤 한 권사님이 내게 찾아
왔다.

"목사님, 부탁 좀 드려도 될까요?"

"네. 무슨 일인가요, 권사님?"

늘 성격이 밝은 분인데, 그날은 표정이 다소 침울해 보였
다. 권사님은 탈북민 남녀 두 사람을 데리고 오더니 소개했
다. 그리고 이들의 안타까운 사연을 이야기해 주었다.

---

1   하나공동체는 온누리교회에서 남북한 지체가 연합해서 드리는 탈북민 예배
     다. 일반적으로 한국 사회에서는 탈북민들을 새터민, 위쪽 동네, 이주민, 북
     한 이탈 주민 등 다양하게 부르는데, 용어는 진정성과 마음의 문제지 표현 자
     체의 문제는 아니라고 생각한다. 따라서 이 책에서는 남한에 거주하는 북한
     사람을 가리켜 '탈북민'이란 용어로 통일해서 쓰고자 한다.

"목사님, 이쪽은 최경철 형제구요, 여기는 같이 살고 있는 현영애 자매예요. 한 사람은 신학을 공부하고 있어요. 지금 우리 부부와 일대일 제자 훈련 중인데, 훈련이 끝나면 세례를 받게 해 주세요."

"아, 그래요? 반갑습니다. 권사님 부부와 이번 일대일 성경 공부를 잘 마치고 나면 제가 세례를 집례해 드릴게요."

그 뒤로 한두 달이 더 지난 것 같다. 어느 날 일대일 성경 공부가 잘 끝났는지 물어보니 일순간 권사님의 표정이 굳어졌다. 권사님은 이들을 양육하면서 도중에 힘들어 포기하려 했던 적이 여러 번이었다고 속내를 털어놓았다. 나름의 인내심을 가지고 탈북민을 돌보았지만 생각만큼 쉽지 않았던 것이다. 내 시선을 잠시 응시하던 권사님은 곧 눈시울을 붉히며 볼멘소리로 이야기를 이어 가기 시작했다.

"목사님, 아휴…. 나 이제 탈북민 사역 그만할래요. 북한 지체들 정말 너무 말을 안 들어요."

"왜요? 무슨 일 때문인데요?"

"아 글쎄, 뭔가 알아듣는가 싶다가도 부부끼리 맨날 싸우고 교회 안 가겠다 하지 뭐예요. 겨우 달래고 추스르면, 이번에는 직장에서 돈 문제로 사기당하고…."

나는 권사님을 위로하며 "괜찮아요, 권사님. 남한에서의 삶이 고되고 힘들어서 그럴 거예요. 권사님이 이해하세요"

라고 말한 뒤 기도하며 돌려보냈다.

몇 주 뒤, 권사님 내외와 그 부부가 마침내 일대일 양육 과정을 모두 마치게 되었다. 권사님 부부의 열정적인 헌신으로 정성껏 섬긴 결과였다. 그때 권사님은 이렇게 말했다.

"목사님, 말씀드릴 게 있는데요. 사실 이 부부는 결혼식을 아직 안 올렸어요. 일대일 제자 양육 과정도 잘 마쳤으니, 이제 세례도 받고, 결혼식도 하나공동체 예배 중에 같이 집례해 주시면 좋겠습니다."

"네? 주일날 예배에서요?"

"네. 그리 진행해 주시면 너무 고맙겠습니다."

"음…. 알겠어요, 권사님. 그렇게 하시죠."

나는 잠시 고민하다가 권사님의 부탁을 흔쾌히 수락했다. 그리고 최경철 형제를 바라보며 말했다.

"온누리교회는 세례 교육을 받고 간증문을 써야 세례 받을 수 있는 것 아시죠? 세례 교육부터 간증문 작성까지 제가 잘 도와드리겠습니다."

최경철 형제는 평소 말이 없지만 밝은 미소를 잃지 않으려는 북한 형제였다. 1990년대 '고난의 행군' 당시, 그는 반드시 살아야겠다는 일념으로 가족 품을 떠나 먹을 것을 구하러 국경 부근 강을 건넜다가 중국 공안들에게 붙잡히고 말았다. 그 뒤로 양식을 도둑질하고 무리들을 거느리면서 조직을 만들었다는 죄목으로 중국 공안에게 넘겨져 무려 10년이 넘는 세월을 감옥에서 보내야 했다. 그러다가 우연한 기회에 선교사의 도움으로 목숨 걸고 탈옥해서 가까스로 남한으로 오게 된 것이다. 반면 현영애 자매는 고난의 행군 당시 가족 생계의 문제가 극심해 북한을 탈출했다. 그녀는 가슴에 묻은 아들을 놓고 홀로 도강해 중국인 남자를 만나 결혼을 했고, 그 사이에 자녀도 두게 되었다. 그런데 이제 운명의 장난처럼 다시 남한에 정착해 새롭게 만난 최경철 형제와 새로운 가정을 꾸리게 된 것이다.

"나는 하나님을 모를 때 속아서 살아왔습니다. 북한의 주체사상 아래에서 김일성 부자만을 위해 거짓된 삶을 살아왔습니다. 이제부터는 나를 구원해 주신 하나님만을 섬기며 살기로 서약합니다."

그가 울먹이며 세례 간증문을 읽는 동안 많은 사람들의 눈시울에도 눈물이 흘러내렸다. 하나공동체에서 세례를 받은 뒤 최경철, 현영애 두 사람은 주일 예배 이후 남북한 사람들이 보는 앞에서 거룩한 결혼식을 올렸다. 지금까지 힘들게 살아온 그들은 이제 믿음 안에서 다시 새롭게 출발하고자 했다.

경철 형제는 남한 사회에서 일정한 직업이 없어 힘들어했지만, 믿음으로 주 안에서 살아 보겠노라고 늘 다짐했다. 그러던 중 약속의 하나님은 늦은 나이지만 너무 예쁜 아들 현준이를 선물로 주셨고, 이들 부부는 아들을 처음으로 교회에 데리고 나와 신생아 기도를 받았다. 현준이는 공동체 식구들의 사랑을 한 몸에 받으며 무럭무럭 자랐다. 경철 형제는 예쁜 아들을 얻은 후 삶에 열정이 생겨, 돈을 더 벌어야 한다며 닥치는 대로 일을 하기 시작했다. 힘이 들 때는 휴대폰 안의 사진을 들여다보며 사랑하는 가족을 위해 열심히 일했다.

그러던 어느 날, 행복하게 살아가고 있던 그들에게 날벼락 같은 소식이 전해졌다. 그날도 경철 형제는 평소처럼 지방에서 열심히 일하고 가족의 품으로 돌아가던 중이었다. 그런데 일을 마치고 집으로 돌아오던 중 그만 교통사고를 당했고, 결국 사망하고 말았다. 그 슬픈 소식에 많은 사람들이 충격을 받았다. 영결식장은 그야말로 눈물바다였다.

3일간 진행된 장례식은 지켜보는 것만으로도 안타까운 일이었다. 영애 자매는 넋이 나갔고, 아무것도 모르는 아들 현준이는 천진난만하기만 했다. 하나공동체 식구들은 모두 제 가족처럼 가슴 아파했다. 눈물이 그치지 않았다. 나를 포함해서 그들이 행복하기를 간절히 바라며 기도했던 주위 사람들은 모두 안타까움을 감추지 못했다.

하나님을 도무지 이해할 수 없었다. 북한 땅에서 죽도록 고생만 하다가 남한에 와 이제 겨우 자리 잡고, 집도 장만하고, 결혼도 했다. 게다가 세례도 받았다. 귀하게 얻은 아들은

신생아 축복도 받았다. 어렵사리 신앙 안에서 잘 살아 보고
자 했는데 어떻게 이런 일이 일어날 수 있을까…. 마음이 먹
먹했다.

　나는 목사로서 이들의 세례와 결혼식, 신생아 축복 그리
고 북한 사람 최경철 형제의 장례까지 모두 집례해야 했다.
한 사람의 인생 경조사를 한꺼번에 치르면서 돌아오는 내내
'삶이 무엇인가'라는 질문이 머릿속에서 떠나지 않았다. 그
리고 차 안에서 속으로 기도했다.

　'하나님, 북한 사람들의 삶은 왜 그렇게 기구하고 고난이
많습니까? 이들이 고작 이렇게 살려고 남한까지 목숨 걸고
온 것일까요?'

　사실 이것은 남한에 온 북한 사람들의 일반적인 삶의 모습
이다. 북한에서 온 탈북민들과 교제하다 보면 경철 형제의 삶
과 같은 탈북민들의 얘기를 자주 들을 수 있다. 그들은 냉장
고에 반찬이 있어도 끼니를 거를 때가 많다. 혼자 먹기 싫어
서다. 남한에 적응하지 못해 경제적 빈곤에 허덕이는 경우도
다반사다. 가족과 헤어졌기 때문에 북한의 고향을 그리워하
고 있으며, 탈북민이라는 이유만으로 멸시당하는 게 싫어서
자신의 신분을 조선족이라 속이기도 한다. 남한 사회에서 받
는 선입견과 무시 그리고 차별로 인해 겉으로는 말 못할 설
움과 울분으로 화병이 나는 경우도 많다. 북받치는 감정이 극

에 달하면 다시 북으로 도망가는 사람들도 더러 있다고 한다.

나는 이것이 분단국가 한반도에서 일어나는 분단의 아픔이라 생각한다. 만일 한반도가 통일이 되어 자유롭게 살 수만 있다면 이런 일은 더 이상 일어나지 않을 것이다. 그러나 이러한 분단의 슬픔이 탈북민에게만 일어나는 것은 아니다. 대한민국 사회의 개인과 가정사에도 분열과 갈등의 아픔은 내재되어 있다.

하나님 나라의 실향민이 되어

대한민국에서 나는 기성세대와 신세대 사이, 소위 베이비부머 세대라 불리는 시기의 끝자락에 태어났다. 나와 같은 시대를 살았던 사람들은 자라면서 한두 번쯤 아버지, 어머니 세대의 고향을 잃어버린 슬픈 노래를 들어 보았을 것이다. 대중가수인 '강산에' 씨가 부른 〈라구요〉라는 노래에 그 내용이 잘 나타나 있다.

두만강 푸른 물에 노 젓는 뱃사공을 볼 수는 없었지만
그 노래만은 너무 잘 아는 건 내 아버지 레퍼토리
그중에 십팔 번이기 때문에 십팔 번이기 때문에

고향 생각나실 때면 소주가 필요하다 하시고

눈물로 지새우시던 내 아버지 이렇게 얘기했죠 죽기 전에

꼭 한 번만이라도 가 봤으면 좋겠구나 라구요

눈보라 휘날리는 바람찬 흥남부두 가 보지는 못했지만

그 노래만은 너무 잘 아는 건 내 어머니 레퍼토리

그중에 십팔 번이기 때문에 십팔 번이기 때문에

남은 인생 남았으면 얼마나 남았겠니 하시고

눈물로 지새우시던 내 어머니 이렇게 얘기했죠 죽기 전에

꼭 한 번만이라도 가 봤으면 좋겠구나 라구요

전쟁의 참상을 경험하지 못한 남한의 젊은 세대와는 달리 부모 세대는 전쟁의 참혹함을 온몸으로 체험했다. 그들은 전쟁의 잿더미에서 맨몸으로 국가의 발전에 공헌했다.[2] 그러다 보니 가정에서도 늘 갈등과 긴장감이 감돈다.

반면, 젊은 세대는 급속한 산업화와 국가의 권위가 우선시

---

2 윤제균 감독이 2014년에 제작한 영화 〈국제시장〉은 흥남부두에서 탈출해 남한 사회에 정착해 가는 원 탈북민의 일대기를 보여 주고 있다. 이 영화의 관객 수는 무려 14,262,976명에 달했다. 윤제균 감독은 이 영화를 자신의 아버지를 기억하며 만들었다고 하는데, 대한민국의 눈부신 발전에 보이지 않는 기성세대의 희생뿐 아니라 이북 실향민들의 공헌이 매우 컸다는 메시지를 보여 주고 있다.

되는 환경에서 참된 자유와 민주를 갈망하며 새로운 세상을 꿈꾸곤 했다. 그러다 보니 비좁은 땅덩어리에서 치열한 경쟁을 통해 반드시 성공해야 한다는 주입식 교육을 받아야만 했다. 나 역시도 경쟁은 필수요, 성공만이 목표인 사회 속에서 어느덧 쫓기는 줄도 모르고 정신없이 살아왔던 것 같다. 그리고 어느새 그러한 문화 속에서 이제 마흔을 훌쩍 넘긴 나이가 되어 버렸다. 내 마음에는 그리스도인으로서 건강한 사회와 미래를 꿈꾸지 못한 죄책감을 비롯해 여전히 남아 있는 긴장감과 불안의식이 많았다. 지금에서야 왜 그렇게 인생을 살았을까 후회해 보기도 한다.

우리 사회 안에는 '북한 vs. 남한', '탈북민 vs. 남한 사람' 등의 갈등 못지않게, 북한을 보는 관점에 따라 '보수 vs. 진보'라는 또 다른 분단 현실과 아픔이 있다. 남북이 서로 총칼을 겨눈 채 과도한 군비 경쟁, 이념 경쟁 및 흑색선전과 비방을 서슴지 않고, 체제 우위의식과 반공정신, 안보의 중요성을 뼛속까지 배우며 이데올로기적인 권위 속에 조종당하며 살아오기도 했다.[3] 자본주의 사회 속에서 돈이면 안 되는 것이 없고, 동료들과의 경쟁에서 어떻게든 이기는 것이 아름다

---

3   2017년 개봉한 장준환 감독의 영화 〈1987〉에서 영화배우 김윤석이 열연한 반공이념과 애국으로 철저히 무장된 박처장 역이 그 대표적인 사례다. 한국의 특수한 상황에서 자라난 그로테스크한 애국심을 풍자적으로 보여 주고 있다.

운 미덕인 양 살아왔다. 명문 대학과 안정된 대기업, 지극히 현실 지향적인 삶을 추구하면서 말이다. 경쟁이 일상적이라 경쟁의 폐해에 대해 둔감하게 지내 왔던 것이다.

그러다 보니 자연스럽게 교회 안에서도 복음의 본질이 실종되어 버렸다. 하나님 나라에 대한 희망과 도전의식은 사라지고 번영 신학과 고지론에 물든 반쪽 진리에 열광하게 된 것이다. 어느덧 모세처럼 40대가 된 지금, 내 영혼의 한 귀퉁이에는 작은 억눌림이 있다. 사회적 약자에 대해 부족했던 배려심, 그리고 하나님 나라에 대한 외면과 무책임한 태도에 대해 반성을 하게 된다.

오늘날 한국 교회와 그리스도인들은 더할 나위 없이 풍요로운 시대를 살고 있다. 분단국가이자 전쟁이 언제든지 일어날 수 있다는 대내외적 조건을 전혀 의식하지 못할 정도로 말이다. 그러나 우리는 분단 현실을 어떻게 바라보고 있는가? 아니, 한국 교회와 그리스도인들은 이 분단의 아픔과 통일에 얼마나 책임을 다하고 있는가?

한국 기독교 역사에서 과거 믿음의 선배들은 난세가 올수록 신앙의 옷깃을 더 여몄다. 잔인했던 일제 식민지 시대와 한국전쟁을 겪으면서도 사회적인 문제들을 외면하기는커녕 오히려 적극적으로 대안을 마련하고자 했다. 이처럼 믿음의 후배들인 우리도 다원화된 사회 속에서 한국 교회가 직면한 시대의 문제 앞에 올바른 신앙을 고백해야 할 때라고 생각한다.

탈북민 최경철 형제의 장례식은 나에게 크나큰 충격이었다. 그러나 한 탈북민의 슬픈 장례식이 주는 진짜 교훈은, 이런 문제가 결코 한 사람으로 끝나지 않고 앞으로도 계속될 거라는 데 있다. 그만큼 현재 남한에 와 있는 탈북민들의 문제는 최경철 형제가 보여 준 그의 삶 전부라 해도 과언이 아니다. 하지만 그들의 아픔이 우리의 눈에 보이지 않는 까닭은 우리의 무관심과 의식적인 배제 속에 잊혀졌기 때문이다.

어느 날, 북한을 사랑하시는 한 장로님이 이렇게 물으셨다. "한국 교회와 온누리교회가 과연 통일 시대를 책임질 수 있을까요? 남한 교회를 영적으로 이끌던 온누리교회 양육 체계가 북한 사람도 변화시킬 수 있을까요?"

갑작스런 질문에 나는 아무 대답도 할 수 없었다. 그날 밤 집에 돌아왔을 때 장로님의 말씀이 귓가에 맴돌기 시작했다. 그리고 뜬눈으로 지새우며 그 말들을 고민하기 시작했다. 장로님은 온누리교회의 수준을 무시해서 하신 말씀이 아니었다. 오히려 그것은 교회를 사랑해서 말씀하신 것이었다. 한국 교회와 온누리교회의 현재 시스템은 곧 다가올 통일 시대를 충분히 준비하고 있는지, 올바른 방향으로 나아가고 있는지에 대한 핵심적인 문제 제기였다. 개 교회를 넘어 과연 한국 교회는 북한 주민을 어떻게 섬길 수 있을 것인지 묻고 있는 것이었다.

언젠가 통일이 되면 목숨을 걸고 신앙생활하는 북한 지하 교회의 영성을 남한 교회가 감당할 수 있을까? 철저한 무신 론과 주체사상을 신봉하던 북한 주민들에게 말씀의 제자도 를 가르칠 수 있기나 한 것일까? 솔직히 지금은 자신 있게 말할 수 없을 것 같다. 다만, 지금 이 모습으로는 어렵겠다는 생각이다.

만약 내일이라도 당장 통일이 되고 북한의 문이 열린다면, 지금 남한의 기독교와 교회의 영성으로는 큰 혼란과 갈등, 치열한 영적 싸움을 감당하기 어려울 것이다. 이러한 이유 때문에 하나님은 혼란과 갈등을 막을 수 있는 완충 지대로 탈북민을 '먼저 온 통일'로로써 이 땅에 보내신 것이다. 분 단 체제의 편견과 사회적인 시선으로 탈북민을 바라보면 제 3세계 난민과 다를 바가 없다. 하지만 하나님의 관점으로 바 라보면 탈북민들은 없어서는 안 될 정말 소중한 사람들이다. 특히 탈북민들이 어떤 이유와 경로로 이곳까지 왔는지를 올 바르게 이해하면 인간의 뜻으로는 헤아릴 수 없는 놀라운 하 나님의 섭리를 깨닫게 된다.

우리는 왜 북한을 사랑해야 하고 탈북민을 가슴에 품어야 할까? 나는 세 가지 특별한 이유가 있다고 생각한다. 이것이 이 책을 쓴 결정적 이유이기도 하다.

첫째는, 우리가 한반도에 태어났기 때문이다. 이 세상에는 사람의 노력으로 안 되는 것이 있다. 믿음 안에서 그것은 하나님의 섭리이며 부르심이다. 예를 들면, 한반도에 태어나고 싶어 이 땅에 태어난 사람은 한 명도 없다. 하나님이 주권적으로 그렇게 하신 것이다. 따라서 탈북민을 우리 옆에 두신 것도 하나님의 특별한 섭리라고밖에 말할 수 없다.

둘째는, 하나님이 주신 거룩한 사명 때문이다. 가끔 나는 대한민국이 자랑스러울 때가 있다. 그것은 눈부신 경제 성장과 사회 발전 때문만은 아니다. 대한민국의 위상이 여러 선진국들과 어깨를 나란히 해서가 아니라, 한반도에는 아직 해야 할 일이 많기 때문에 좋은 나라라고 생각한다. 일자리가 없다고 말하지만 아직도 남북한 사이에는 해야 할 일이 넘쳐 나니 얼마나 감사한 일인가?

셋째는, 탈북민의 삶은 하나님 앞에서 그리스도인의 내면 세계를 보여 주기 때문이다. 고단한 탈북민의 삶은 영적으로 그리스도인의 순례자상(벧전 1:1-2, 2:11-12, 4:3 참조)을 보여 준다. 탈북민의 삶에서 남한 교회가 배울 점이 있다면 그들은 늘 두고 온 가족과 본향을 그리워한다는 점이다. 안타깝게도 오늘날 한국 교회는 본향의식을 잃어버리고 이 땅의 풍요와 번영에 도취되어 있다.

탈북민을 섬기면서 깨달은 것은, 우리도 그들처럼 나그네와 같은 순례자의 영성을 배워야 한다는 점이다. 현실 세상에서는 정착할 곳을 잃어버린 탈북민이지만 영적으로 그들은 귀한 하나님의 자녀이자 순례자들이다. 그래서 탈북민의 삶을 이해하면 그리스도인의 삶이 무엇인지 이해할 수 있고, 위로와 용기를 얻게 된다. 서로 위로하고 격려하며 용서하고 사랑하는 하나님 나라에 속한 인생 그 자체를 보여 주기에, 탈북민의 삶은 그 자체로 남한 교회에 의미하는 바가 매우 크다.

서로 사랑하는 데는 이념을 따질 필요가 없다. 진보와 보수, 기성세대와 젊은 세대의 구별이 있을 수 없다. 그런 의미에서 우리 모두는 북한과 탈북민을 그리스도의 사랑으로 품어야 한다. 왜냐하면 하나님은 북한을 결코 포기하지 않으시기 때문이다. 북한은 하나님의 사랑하시는 백성이다. 세상은 그들을 포기해도 교회는 결코 그들을 포기해서는 안 된다. 이 작은 책을 통해 통일이 하나님의 뜻임을 깨닫고 꿈꾸는 통일 리더들이 많이 나왔으면 좋겠다.

2019. 6

김상수 목사

1부

아프리카보다
더 모르는 북한

"내 백성이 두 가지 악을 행하였나니
곧 그들이 생수의 근원 되는 나를 버린 것과 스스로 웅덩이를 판 것인데
그것은 그 물을 가두지 못할 터진 웅덩이들이니라"

-

렘 2:13

1.
북한은 도대체
어떤 나라일까

자, 지금부터 북한을 공부해 보도록 하자. 먼저 인터넷 검색 창에 '북한'을 치고 '위키피디아'나 '백과사전'을 보라. 북한에 대해 이렇게 소개하는 것을 볼 수 있다.

▷ **조선민주주의인민공화국**(Democratic People's Republic of Korea, North Korea)

국기:

이칭별칭: North Korea, DPRK, 북조선

위치: 한반도 북부

인구: 약 2,528만 1,000명(2016년)

면적: 12만 3,138㎢

수도: 평양

화폐단위: 조선민주주의인민공화국원

언어: 한국어(북한어)

정치 체제: 단일 국가 일당제, 사회주의 국가

(출처: 위키백과, 우리 모두의 백과사전[조선민주주의인민공화국])

　그러나 이런 단편적인 정보와 지식으로 북한의 실상을 깊이 이해하기는 어렵다. 그렇다면 우리는 어떻게 해야 북한을 바르게 이해할 수 있을까? 그것은 그들과 함께하는 경험과 정서적 교감을 통해서만 비로소 가능하다.

　어쩌면 지금 우리는 아프리카 지역의 사람들을 더 쉽게 이해할 수 있다. 이미 여러 언론과 영화, 현지 여행 체험 등을 통해 아프리카 사람들에 대해 자주 접해 왔기 때문이다. 그러나 북한은 전혀 다르다. 바로 코앞에서 마주 보고 있고, 같은 핏줄이자 같은 언어를 사용하고 같은 외모를 가졌음에도 지난 70년간 분단국가로 접촉이 거의 없었기 때문이다. 이제 우리는 그들을 공부하지 않고는 도무지 알 수가 없다. 설령 일부 아는 지식이 있더라도 잘못 이해하거나 곡해되어 있고 단편적인 정보에 지나지 않는다. 이해하지 못하면 오해하기 때문에 북한을 제대로 공부할 필요가 있다.

　문제는 지금 남한에 와 있는 약 3만 2천여 명의 탈북민조차도 언제 어디서나 쉽게 만날 수 있는 상황이 아니라는 것이다. 오히려 우리 주변에서 쉽게 볼 수 있는 3만 2천 개의 편의점이 더 익숙할지도 모른다.

지난 1992년, 중국과의 수교가 이루어지자 각계각층에서 봇물 터지듯 교류가 진행되었다. 특히 연변의 조선 동포들과는 더욱 빈번한 왕래가 이루어졌다. 그러나 얼마 지나지 않아 많은 사람들이 조선 동포와 우리는 사뭇 다르다는 것을 깨닫게 되었다. 같은 외모와 같은 언어를 사용하기에 처음에는 같은 한국 사람이라고 생각했지만, 막상 교류의 과정에서 잘못 이해하거나 전혀 다른 사고방식을 가졌다는 것을 알게 되었고, 섣불리 믿었다가 되레 큰 코를 다치게 된 사례들이 늘어났다. 왜냐하면 그들은 한국 사람이 아니라 중국 시민권을 가진 중국인이었기 때문이다.

중국과 한국은 비슷한 유교 문화임에도 사고방식과 문화적인 면에서 큰 차이가 존재한다. 겉모습만으로는 전혀 알 수 없다. 두 민족의 경계에 위치한 조선 동포들은 정치적으로는 중국에 속해 있으면서 경제적으로는 한국을 더 좋아하는 것뿐이다. 한국과 중국의 국가대표 축구 경기를 보라. 조선 동포들은 중국을 응원하지 한국을 응원하지 않는다. 이러한 조선 동포들을 남한 사람들은 오해하고 경계한다. 신뢰하지 않으려 한다. 그리고 조선 동포들을 경험한 이후 우리는 북한 사람들에게도 비슷한 반응과 태도를 보이고 있다.

그렇다면 왜 이런 일이 일어날까? 이해가 부족해서 생기는 경계심과 선입견 때문이다. 서로에 대해 잘 모르니까 그럴 수밖에 없다. 그래서 만남과 소통이 중요하고, 서로에 대한 학습과 공부가 필요한 것이다.

탈북민의 시선으로 바라보라

이런 우리를 이해시키기 위해서인 듯 그들의 발로 직접 찾아온 손님들이 있다. 그들이 바로 탈북민이다. 그들은 어떤 사람들일까? 그들은 어떤 생각과 문화적 특징을 가지고 있을까?[4] 이런저런 이유로 우리에게 탈북민들의 첫 이미지가 썩 좋지만은 못하다. 정작 그들은 목숨을 걸고 위태로운 여정을 거쳐 남한 사회에 왔는데, 그들의 몸과 정신에 배인 이질적 문화는 남한 사람들로 하여금 배타적인 편견과 선입견을 갖게 만든다. 같은 민족, 같은 핏줄이 맞나 싶을 정도로 그들의 문화가 너무 이질적이어서 마치 이방인을 대하는 듯 느껴지기 때문이다. 그리고 그들과 동행하는 가운데 나타나는 돌발 행동들은 우리를 당혹스럽게 할 때가 많다.

---

4   주승현, 《조난자들》(생각의 힘, 2018); 조요셉, 《북한선교의 마중물 탈북자》(두날개, 2013). 이 책들은 탈북민에 대한 이해와 탈북민 사역의 특수성을 잘 소개하고 있다.

어디 그뿐인가? 탈북민 하면 으레 무섭고 무언가 반사회적이란 생각을 갖기 쉽다. 혹시 그들을 도와주다가 잘못될 것 같은 느낌이 들기도 한다. 이러한 이유로 탈북민을 만나고 대화하며 섬기다 보면 실수를 할 때도 많다. 자신의 입장에서만 그들을 바라보기 때문이다. 그러나 그것은 전혀 잘못된 것이 아니라 문화의 차이에서 비롯된 것이라 할 수 있다.

하나공동체 내에 늘 공부 때문에 힘들어하는 탈북민 대학생이 있었다. 오랫동안 교제하며 관계를 쌓아왔는데 매일 힘들다는 소리를 하니 어느 날은 나도 모르게 감정 섞인 말을 하게 되었다.

"아니 Y**야! 남한에 온 탈북민들에게 나라에서 집도 주고, 매달 용돈도 주고 있잖아. 병원비도 공짜 아니야? 대학교 과정까지 공부시켜 주는데 뭐가 그렇게 힘드니? 나라에서 그렇게 배려해 주면 너는 더 열심히 일하고 부지런히 공부해야 하는 것 아니니?"

그러자 Y**가 속상한 듯 볼멘소리로 대답한다.

"아휴, 목사님, 그런 소리 하지 말아요. 목사님이 북한에 올라가서 산다고 생각해 보세요."

"아….."

순간 할 말을 잃어버렸다. '그렇구나. 그럴 수 있겠구나…' 하며 은성이 말에 공감하게 되었다. 이처럼 탈북민들에게 남한 사회는 전혀 다른 차원의 세상이다. 직장, 교육, 문화, 언어, 관계, 인성 교육 등 사소한 것 하나까지도 새롭게 배우지 않으면 안 되는 것이다.

탈북민이 남한에 오면 바로 남한 생활을 시작하는 것은 아니다. '하나원'이라는 곳에서 약 3개월 동안 남한 사회 적응에 필요한 기본 지식을 배우고 훈련을 받는다.[5] 비록 짧은 시간이지만, 그나마 이곳에서 남한의 정치, 경제, 사회, 문화, 생활에 대한 전반적인 지식을 습득하게 된다. 이런 단기 과정을 통해서 탈북민이 느낄 문화 충격을 최소화는 것이 이 기관의 목표다.

탈북민들이 이곳을 거쳐 남한 사회에서 첫 독립생활을 하게 되면 예상보다 큰 문화적 차이를 느낀다고 한다. 체제가 전혀 다른 사회 속에서 살아왔기에 몸에 배인 행동과 태도가 쉽게 바뀌지 않기 때문이다.[6] 그래서 이들이 하나원 과정을 마치고 정착할 무렵, 교회는 '나들이 사역' 등을 통해 정착 생활을 지원하기도 한다. 나들이 사역이란 남한 성도들과 탈북민들이 주말을 이용해 서울의 구석구석을 함께 다니며 밥도 먹고 사진도 찍으며 교제하는 프로그램으로서, 이것은 탈북민을 교회로 이어 주는 매우 중요한 사역이다.

---

5 하나원에서 나온 《새가족 양육교재》는 탈북민의 교회 정착을 위한 체계적인 가이드 라인을 제시하고 있다.

6 북한 사람이 남한에 와서 경험하는 문화 충격과 트라우마에 대한 것은 전우택, 《사람의 통일, 땅의 통일》(연세대학교출판부, 2007)을 참조하라.

서로를 배우고 섬기라

본래 북한에서 태어나 북한을 사랑하시는 장로회신학대학교 주선애 명예 교수님은 탈북민들에게 제일 존경받는 남한의 어른이시다. 교수님은 하나공동체를 시작할 때도 적극 도우셨고, 고(故) 황장엽 선생이 남한에 정착하는 과정에서도 심혈을 기울여 도우셨다. 또한 경제적으로 어려운 탈북민들을 돕다가 금전적인 손해를 많이 보았지만 여전히 그들을 신뢰하며 돕는 분이시다. 그런 주 교수님이 남한 교회에 대해 일관되게 하시는 말씀이 있다.

"통일을 대비해서 남한 교회는 북한을 배워야 한다. 그들의 문화를 공부하지 않으면 제대로 된 섬김을 할 수 없다."

통일 시대를 준비하는 남한 교회와 성도들에게 일침이 되는 말씀이다. 그러나 이것은 북한 지체들에게도 해당되는 말씀이다. 탈북민들도 남한을 열심히 학습하고 배워야 한다. 그래야 서로 다르지만 참된 사랑을 경험할 수 있다. 섬기지 않는 것이 문제가 아니다. 다만 우리의 섬김이 조건적이라는 데 문제가 있다. 사랑하고 섬기다가 이내 쉽게 지친다. 우리의 섬김과 사랑에 반응하지 않는 그들을 보며 힘들어하기도 한다. 이것은 잘못된 사랑이다.

하나님의 참된 사랑으로 가르치면 그들은 놀랍게 변화된다. 하나님의 사랑은 조건이 없다. 어떤 조건이든 용납하는 것이 하나님의 사랑이다. 그러므로 사랑 이전에 그들을 먼저 용납하고 가치 있고 소중하게 여기지 않으면 안 된다. 북한 사역은 인내와 사랑을 가지고 배우면서 섬겨야 한다. 그런 마음이 없으면 누구라도 쉽게 지쳐 떨어져 나가게 되기 때문이다. 서로 다른 곳에서 살아왔지만, 낯선 남한 땅에 온 그들을 환대해 주고 하나님의 조건 없는 사랑으로 맞이해 주면 탈북민은 큰 위로와 감동을 경험하게 될 것이다.

이것은 매우 중요한 메시지다. 언젠가 통일이 되어 북한의 문이 열리면, 많은 북한 동포들이 의심과 불신이 가득한 눈빛으로 제일 먼저 물어볼 것이다. '탈북민들이 남한에서 어떤 대우를 받고 살았는가'를 말이다. 그날에 탈북민들은 무엇이라 답할 것인가? 지금 우리의 섬김에 대해 느끼는 바를 대답할 것이다. 이것이 우리가 탈북민들을 따뜻한 사랑으로 섬겨야 하는 이유다.

조건 없는 사랑을 베풀라

구약성경에 이와 같은 실향민의 돌봄 사례가 나온다. 바로 룻기 3장이다. 룻기 3장에는 이 땅의 탈북민들처럼 고향을 잃어버린 '룻'과 상실감에 빠진 '나오미'가 등장한다. 그들이 다시 고향에 돌아왔을 때 피폐해진 나오미와 룻의 삶을 도운 것은 바로 믿음의 사람 '보아스'였다. 보아스가 그들에게 보여 준 사랑은 조건적인 사랑이 아니었다. 그는 '그럼에도 불구하고'의 사랑으로 나오미와 룻을 용납하고 돌보아 주었다. 그랬을 때 그들은 비로소 유대 민족의 땅에서 다시 정상적인 삶을 살게 되었다.

특히 룻기 3장에서는 하나님의 '헤세드 사랑'에 대해 놀라운 표현으로 말하고 있다. "당신의 옷자락을 펴 … 덮으소서"(룻 3:9). 이 말의 원어적인 의미는 '주의 날개로 덮으소서'이다. 이는 인생의 위기에 처한 룻이 보아스를 향해 부족한 자신에게 헤세드의 사랑을 베풀어 달라고 구한 것이다. 자신의 과거와 현재를 보지 말고, 그저 사랑으로 용납해 달라고 요청한 것이다. 용납은 선입견과 생각을 잠시 내려놓고 조건 없이 받아들이는 것을 의미한다.

하나님의 헤세드 사랑은 이 세상의 사랑과는 다르다. 그것은 세상과 다른 거룩한 사랑이다. 이스라엘 민족에게는 사회의 구성원이 큰 위기를 만났을 때 돕는 '친족구원법'(kinsman redemption)이 있다. 친인척의 유력한 자가 불쌍한 사람의 모든 것을 품을 수 있도록 포괄적 도움을 주는 사회적 제도다. 이러한 친족 구원은 하나님의 헤세드 사랑에 기초하고 있다. 이런 의미에서 북한 사람들에게도, 그리고 우리에게 먼저 다가온 탈북민에게도 보아스와 같은 기업 무를 자가 필요하다. 왜냐하면 이 같은 하나님의 사랑과 시선으로 바라봐야만 그들을 바르게 이해할 수 있기 때문이다.

한반도가 분단된 지 어느새 70년이 넘었다. 분단 이후 교역과 왕래 없이 폐쇄된 정보만이 전해졌기 때문에 우리는 북한을 아프리카보다 더 모르게 되었다. 하지만 이제는 상황이 달라졌다. 그토록 눈물로 밤을 지새우며 통일을 달라고 기도하던 어느 날, 갑자기 북한 사람들이 손님처럼 우리를 먼저 찾아왔다. 우리에게 찾아온 그들을 처음부터 하나님의 시선으로 보는 것은 쉽지 않다. 그들은 겉으로 보기에 투박하고, 가난해 보이고, 느리고, 일도 잘 못하며, 관계 맺는 데 어려운 사람들처럼 느껴지기 때문이다. 하지만 이들을 따뜻하게 돌보아 줄 책임이 교회와 그리스도인들에게 있다. 왜냐하면 우리도 조선에 온 보아스와 같은 외국인 선교사들이 하나님의 용납하는 사랑을 베풀어 주지 않았더라면 존재할 수 없었을 것이기 때문이다.

북한을 위해 간절히 기도했더니 탈북민들이 먼저 왔다. 이것이야말로 통일에 대한 하나님의 예고편이자 선물이 아닐까? 이런 의미에서 탈북민들은 '먼저 온 통일'이라 해도 틀린 말이 아닐 것이다. 우리는 이렇듯 한 발 더 가까이 다가온 탈북민을 통해 북한을 공부하고 예습해야 한다. 물론 탈북민들 또한 남한 사회를 공부하며 이 땅에 치열하게 적응해 나가야 한다. 그때에야 비로소 우리가 알던 것과는 다르게 북한을 보는 안목이 생길 수 있다.

북한은 그로테스크한 괴물이 아니라 하나님의 또 다른 형상이다. 우리는 모두 바울의 표현처럼 '복음에 빚진 자'일 뿐이다. 이처럼 하나님의 관점을 가져야만 북한을 새롭게 바라볼 수 있다. 이를 위해 하나님의 시선으로 그들을 이해하는 것이 사랑에 앞선 선결 과제다. 올바로 아는 만큼 사랑할 수 있기 때문이다.

2.
북한은 북한 사람들조차
잘 모른다

"나도 북한을 잘 모르겠어요."

북한말은 남한 사람이 이해하기 힘들 때가 있다. 예를 들면 다음과
같다.

가락지빵(도넛), 하루살이 양말(스타킹), 송아지동무(소꿉친구), 오목샘(보조개),
손전화(휴대전화), 직장세대(맞벌이 세대), 야경벌이(도둑질), 찬국수(냉면), 문
어(오징어), 일없다(괜찮다), 고기떡(어묵), 얼음보숭이, 에스키모(아이스크
림), 오징어(낙지), 소젖(우유), 닭알(달걀), 기름밥(볶음밥), 다층살림집(아파
트), 밥상칼(나이프), 갑작바람(돌풍), 발바리차(소형 택시), 푸른차(녹차), 가
두녀성(가정주부), 차마당(주차장)

그렇다면 '북한은 북한 사람도 모른다'를 OX 퀴즈로 풀어 볼 경

우 맞는 말일까, 틀린 말일까? 나는 맞는 말이라고 생각한다.

10년 전 탈북해서 남한에 온 한 형제가 있다. 아직 북한말과 억양이 좀 남아 있지만 얼마나 머리가 영리하고 똑똑한지, 그는 이미 남한 사회에 빠르게 동화되어 무엇이 제일 좋고 맛있는지, 어디에 무엇이 있는지 등 한국 문화를 나보다 더 자세히 알고 있다. 그래서 그에게 '진짜 한국사람'이라는 별명을 붙여 줬다. 나보다 더 한국사람 같다고 붙여 준 별명이다.

언젠가 그 형제가 했던 말이 인상 깊게 남아 있다. 차츰 시간이 흐르면서 자기도 북한을 잘 모르겠다는 것이다. 자기보다 내가 더 북한을 잘 아는 것 같다고 말하는데, 서로 보며 멋쩍게 웃고 말았다.

내가 한국에 있지만 한국을 다 모르듯, 북한 사람들도 북한에 대해 다 알 수는 없다. 하지만 남한 사람들의 경우엔 정보가 넘쳐나서 모르고, 북한은 정보가 너무 부족해서 잘 모른다. 왜냐하면 북한은 중앙당을 중심으로 내려오는 지침과 교시 외에는 정보가 거의 차단되어 있기 때문이다. 그러다 보니 북한 사람들조차 북한에 대해 잘 모르는 경우가 허다하다.

탈북민들을 만나 교제하다 보면 북한에 대해 얘기하다가 갑론을박 싸우는 경우를 자주 목격하게 된다. 자신들이 경험한 북한이 진짜라는 것이다. 서로 자신의 주장이 옳다고 우기는데, 과연 어떤 것이 진짜 북한의 모습일까 궁금한 한편, 왜 같은 북한 출신임에도 서로 다르게 말하는지 재미있다는 생각이 들었다.

북한에 대해서도 그렇지만 통일 문제에 대해서는 더 열띤 토론을 벌이기도 한다. 어떤 탈북민들은 남한에 온 뒤 정부 예찬론자가 되어 목소리를 높인다. 어떤 탈북민들은 미국이라는 이름을 매우 싫어해, 같은 민족끼리 자주독립으로 통일해야 한다고 주장하기도 한다. 심지어 교회 안에 있는 믿음 좋다는 탈북민들조차 정치적인 통일을 운운할 때가 있다. 어떤 것이 맞을까?

한 번은 한 탈북민이 이렇게 질문했다.

"목사님, 그리스도인들이 기도하는데 북한은 왜 안 무너지나요? 왜 하나님은 우리의 기도를 안 들어주시나요? 그 정도로 기도하고 유엔(UN)의 경제 제재를 받았으면 철옹성 정권도 무너져야 되는 거 아닌가요? 다른 나라였다면 무너져도 열두 번은 더 무너졌을 것 같아요."

나는 단순해 보이는 그의 질문을 깊이 묵상해 보았다.

'기도하는데 북한 정권은 왜 쉽게 무너지지 않을까?'

하나공동체를 섬기면서 북한에 대해 공부하는 가운데, 우리의 예상과는 달리 북한은 쉽게 무너질 수 있는 체제가 아니라는 사실을 깨닫게 되었다. 북한 2,500만의 인구 중 300만의 평양 시민이 북한 체제를 지배하는 엘리트 계층으로서, 이들은 북한 체제를 공고히 하는 핵심 인력들이다. 이것이 북한의 사회 구조를 이해하는 중요한 척도가 된다.

우리는 탈북민이 북한을 아주 잘 알 것이라고 생각하지만, 그들에게는 의외로 북한에 대한 정보가 많지 않다. 정보가 있더라도 부분적이며 제한적이다. 그런데 문제는 부분적으로 아는 것을 전체적으로 확대 해석하려는 탈북민이 많다는 점이다. 그래서 가끔 거친 논쟁으로 비화되기도 하는데, 그럴 수밖에 없는 게 그들은 자신이 알고 있는 전부를 사실 그대로 말하는 것이기 때문이다.

폐쇄적이고 불평등한 피라미드형 계층 구조

북한은 지역별, 계층별로 왕래하거나 이동하려면 반드시 통행증이 필요하다. 그래서 탈북민을 모아 놓고 고향에서 일어나고 있는 일을 물어보면 제각각 다르게 말한다. 왜 그런 것일까? 이것은 북한 정권의 수립 과정과 역사를 알아야 비로소 이해할 수 있는 부분이다.

지금의 북한 체제는 과거 일제 강점기 식민지 해방 운동과 관련이 있다. 김일성과 사회주의 혁명가들은 북한을 외세의 억압에서 해방시키고 기존의 봉건 체제를 무너뜨리면서 현 북한의 정권을 세웠다. 특히 냉전 시대 남한과 대치하고 있는 상황에서 북한은 독재 체제 기반을 확실히 다지고자, 권력의 통제를 위해 피라미드형 계층 구조를 만들었다. 또한 계층 분류 기준을 정하기 위해서 김일성 일가, 항일 운동과 한국전쟁 이후 국가에 얼마나 충성했느냐에 따라 주민 성분을 나누었다. 다시 말해, 지금의 북한 사회 구조는

독재 권력을 중앙화 하고 독점하는 과정에서 만들어진 특이한 계층 구조로 볼 수 있다.[7]

일각에서는 사회주의를 평등한 사회 구조라고 하지만, 불행하게도 북한은 전 세계에서 가장 불평등한 구조로 재편되었다. 다 같이 잘사는 나라여야 하는데, 다 같이 못사는 나라로 하향 평준화되어버린 것이다. 게다가 북한은 다른 공산주의 국가처럼 일반적인 사회주의 국가가 아니다. 마치 조선 시대 봉건주의 유교사상과 사회주의가 합쳐진 독특한 수령 체제로 세계에서 유래를 찾아보기 힘든 나라가 되었다.

북한에서는 출신 성분에 따라 사람들의 삶, 진로, 직업 등이 결정된다. 사회 구조상 핵심 계층이 되어 이끄는 북한은 공고해지고 있으며, 특히 평양 주민 300만은 철옹성처럼 북한 체제를 떠받들고 있다. 만일 이에 반대하는 목소리를 낼 경우에는 국가 발전을 저해하는 것으로 간주되어, 5호 담당제 같은 철통 감시와 노동 교화소 혹은 정치범 수용소 등으로 보내진다. 북한의 주체사상을 만든 고(故) 황장엽 선생이 수령 체제를 비판하며 온 나라를 감옥화 했다고 말한 내용이 기억나는 대목이다.[8]

7   구교형, 《뜻으로 본 통일 한국》(IVP, 2014), pp. 35-81.
8   황장엽, 《황장엽 회고록》(시대정신, 2010). 황장엽 선생은 북한의 주체사상을 이론화시키고 체계화한 인물이지만, 후에 이러한 북한식 사회주의 체제에 회의를 느끼고 남으로 망명해 북한 체제를 전면 부정했다.

이렇듯 북한의 현실을 알면 왜 북한이 쉽게 붕괴되지 않는가를 알 수 있다. 다음 도표를 보면 이해가 쉽다.

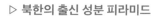
▷ **북한의 출신 성분 피라미드**

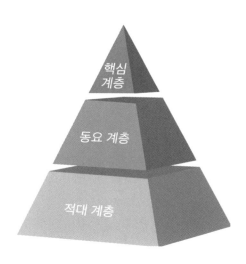

북한 주민들이 대규모로 굶어 죽었을 때에도 평양에 있는 사람들이 굶어 죽었다는 말은 들어 보지 못했다. 핵무기와 미사일을 개발하는 동안 식량 배급이 중단되고 목숨을 잃은 사람들은 대부분 적대 계층에 속한 양민들이었기 때문이다.

이처럼 정상적인 나라에서는 상상할 수 없는 '특수한 체제'로 운영되는 나라이기에, 남한 사람도 탈북민도 북한을 잘 모르는 상황이 되어 버린 것이다. 바꾸어 말하면, 오히려 북한을 방문해 본 유엔(UN)에 속한 외국 사람이나 북한을 공부한 남한 사람이 북한에 대해 더 객관적이며 정확한 정보를 가질 수 있다는 뜻이다. 예를 들어, 함경도 사람들은 평양에 대해 잘 모른다. 지역 간 이동이 쉽지 않고, 정보의 통제가 이루어지기에 쉽게 권력에 저항할 수도 없다. 그래서 북한은 외부 기관이나 외국 국적을 가진 사람들이 내부 사정을 더 잘 꿰뚫어 볼 수 있다.

평양에서 온 탈북민과 함경도에서 온 탈북민들은 서로 다른 세계에서 살다 왔다 해도 틀린 말이 아니다. 따라서 북한 사람을 대할 때는 다양성을 인정해 주어야 한다. 결코 누구는 옳고 누구는 틀리다고 말해서는 안 된다. 그들도 결국 전체가 아닌 부분적인 것을 말하고 있기 때문이다.

3.
신이 보낸 사람들

영화보다 더 영화 같은 이야기

탈북민들은 왜 남한으로 왔을까? 그들이 남한에 온 이유는 무엇일까? 도대체 무엇이 그들로 하여금 사랑하는 가족과 고향을 버리고 목숨까지 걸어 가며 남한으로 오게 한 것일까?

김정일 위원장이 죽고 난 뒤 북한이 내부 동요를 막기 위해 탈북민을 강하게 단속하던 당시의 실화를 바탕으로 만들어진 영화 〈48미터〉[9]를 본 적이 있다. 이 영화는 양강도 혜산을 배경으로 이야기가 전개된다. 북한과 중국을 가로지르는 압록강의 폭이 48미터밖에 안 되는 좁은 지점을 사이에 두고 벌어지는 억압과 목숨을 건 드라마틱한 탈북 과정에 대한 이야기다.

---

9   2013년에 개봉한 민백두 감독의 〈48미터〉 영화 참조.

이 영화 중간 즈음, 동생과 언니가 헤어지며 대화를 나눈다.

"같이 가자!"

"싫다. 언니 혼자 가라. 난 여기가 좋다."

"너 없으면 남한에 어떻게 나 혼자 가니?"

"싫다. 난 여기서 죽으면 죽었지 정든 고향과 가족을 버릴 수 없다."

북한을 탈출해서 행복과 자유를 얻고 싶지만 내부 상황이 쉽지 않자 회의에 빠지며 계속해서 자문한다. "하나님, 정말 남조선이 가나안 땅입니까?" 중국에 있는 남한 선교사의 도움으로 북한에서 탈출하고 싶지만, 북한의 지하교인들조차 정든 가족과 고향의 품을 떠나는 것에 대해 무척 혼란스러워한다.

이 영화를 보는 내내, 남한에 거주하는 탈북민들이 얼마나 큰 고난 가운데 목숨 걸고 이 땅에 오게 되었는지를 알게 되었다. 그런 그들을 남한 사회는 얼마나 따뜻하게 품어 주고 있는가?

영화 속에는 함께 탈북하는 가족끼리 서로 싸우고 헤어지는 장면이 나온다. 목숨 걸고 강을 건너다가 국경 초소 앞에서 총에 맞아 죽는 장면이 나오기도 한다. 누군가는 죽고 누군가는 살게 되는 참혹한 과정이 연달아 그려진다. 이러한 위험에도 불구하고 이들이 왜 고향과 가족을 등진 채 도강을 시도해 탈북할 수밖에 없는지에 대한 내용이 이 영화의 핵심 메시지다.

영화에서 어떤 이는 말한다. "나는 꼭 살아야 한다. 죽더라도 남한에 먼저 간 아내와 아들 얼굴 한 번 보고 죽고 싶다." 이처럼 먼저 탈북한 아내와 아들이 보고 싶어 목숨을 걸고 강을 건너려는 자들이 있다. 어떤 이는 아버지가 심한 중병에 걸렸는데 북한에서는 약을 구할 수 없어 중국에 약을 구하러 가고자 한다. 어떤 이는 정말 배가 고파서, 먹고살기 위해 목숨을 걸고 탈출을 시도해 보려 한다. 또 어떤 이는 가족을 대신해서 중국으로 건너가 장마당 무역을 하기 위해 밤낮으로 수도 없이 강을 건너기도 한다. 또 어떤 이는 더 나은 자유를 찾기 위해서, 혹은 사상범으로 몰려 더 이상 살 수 없는 이유 때문에 강을 건너기도 한다.

영화 〈신이 보낸 사람〉[10]은 조금 더 다른 차원에서 북한의 지하교회가 어떻게 생존하고 있는지를 보여 주고 있다. 이 영화 속에서도 숨어서 예배하는 북한의 지하교회 성도들은 선교사의 도움을 받아 남한으로 가야 할지 북한에 남아 있어야 할지를 쉽사리 결정하지 못하는 상황이 반복된다. 그리고 탈북을 막기 위해 더 삼엄해진 국경 수비대들의 감시와 고발·색출 작업이 이어진다. 이렇듯 긴장감이 넘치는 가운데, 한 성도는 살기 위해 공동체를 배신하고, 영미라는 여인은 한 알의 밀알처럼 자신을 희생하며 지하교회 성도 전체가 몰살되는 것을 막는다. 북한 지하교회의 순교와 그 피가 오늘날에도 계속 이어지고 있음을 기억해야 한다는 것이 이 영화의 주제다.

---

10   2014년에 개봉한 김진무 감독의 〈신이 보낸 사람〉 참조.

모퉁이돌 선교회[11]는 북한에 약 10-20만 명에 이르는 지하교회 성도가 존재할 것이라고 추정한다. 중국의 문화혁명이 끝나고 난 뒤 중국 지하교회들이 늘어난 통계를 감안하면 아주 불가능한 것 같지는 않다. 이렇게 많은 북한의 지하교회 성도들이 하나님에 대한 믿음을 끝까지 배교하지 않은 채 박해와 모진 고문을 받으며 정치범 수용소에 갇혀 있다고도 주장한다. 그렇다면 세계 1위 기독교 박해 국가인 북한에서 이들은 어떻게 그리스도인으로 살아오게 되었을까?

▷ 북한의 지하교회와 그리스도인들

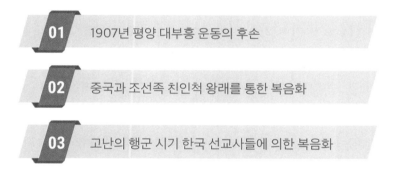

01 1907년 평양 대부흥 운동의 후손

02 중국과 조선족 친인척 왕래를 통한 복음화

03 고난의 행군 시기 한국 선교사들에 의한 복음화

11　모퉁이돌 선교회는 1985년에 설립된 북한 선교 전문 단체로서, 〈카타콤〉이란 정기 간행물을 통해 북한에 대한 정보와 기도 제목을 배포하고 있다. 자세한 사항은 홈페이지 (www.cornerstone.or.kr) 참조.

언젠가 하나공동체 탈북민들과 함께 극동방송에 출연한 적이 있다. 그때 진행자가 북한 지체에게 물었다.

"어렵던 시절인데 어떻게 탈북을 결심했나요? 정말로 목숨 걸고 탈출할 만큼 북한이 경제적으로 힘들었나요?"

K**가 대답했다.

"아무것도 없었어요. 아사 직전이었어요. 집에 먹을 게 없어서 온 가족이 양식을 구하러 다 뿔뿔이 흩어졌어요. 그런데 중국으로 형들과 강을 넘다가 홍수로 물이 넘쳐 형의 손을 놓치고 말았어요. 물살이 너무 세서 이제 나는 죽는구나 생각했어요. 물에 잠기고 의식이 사라져 가고 있었는데, 나도 모르게 외쳤어요. '혹시 신이 있다면 나를 건져 주세요!'"

종교도, 신도 믿지 않던 K**가 다급해서 외친 본능적인 외마디였다고 한다. 그런데 그때 기적과도 같이, 경계가 삼엄한 보초병들의 눈을 피해 형이 K**를 건져 내었다고 한다. 그래서 무사히 중국에 도착할 수 있었다는 것이다. 지금도 그때 일을 생각하면 자신은 '신이 보낸 사람'이라 믿는다고 K**는 말했다. 초월적 존재가 분명히 존재함을 그때 체험했다고 한다.

본향을 그리는 순례자의 삶

중국 압록강과 조중 접경지역에서 유람선을 타고 여행을 하면 소위 북한의 '인간 사파리'를 볼 수 있다. 유람선 갑판 위의 외국인들이 북한과 가장 가까운 곳까지 가서 북한 사람들과 경계를 서는 보초병들에게 담배와 달러를 던져 주면 그들이 손을 흔들며 인사하는 광경을 쉽게 목격할 수 있다. 먹을 것이나 담배 또는 달러가 던져지면 북한 주민들은 미소와 함께 반응을 보인다. 그리고 관광객들은 그 모습을 동물원에서 구경하듯 지켜본다. 동물원의 판다와 원숭이도 아닌데, 외국인과 중국인 관광객들은 북한 주민들을 구경하며 신기하듯 쳐다보곤 한다.

한때 전 세계적으로 동방의 예루살렘이라 불리던 곳이 어떻게 이렇게 세상의 조롱거리가 되고 말았을까? 북한이 우리에게 주는 메시지가 있다. 그것은 하나님을 잃어버리고 포기하면 70년이 지났을 때 어떻게 되는지를 보여 주는 영적인 메시지다. 가난, 기아, 조롱거리, 흉작, 대량 아사…. 북한이 아니라 그 누구라도 하나님을 떠나면 그렇게 된다는 사실을 말해 주는 것이다.

1994년 김일성의 죽음 이후, 북한은 거듭된 자연재해와 국제 사회에서의 고립으로 인해 경제적 어려움이 극에 달했다. 이에 북한은 1996년 노동당 신년사에 극심한 경제적 어려움을 '고난의 행군 정신으로 이겨 내자'는 구호를 실었다.

고난의 행군에 대해 기사와 말로만 전해들은 남한 사람들은 이것이 과연 사실일까 의아해하곤 한다. 그러나 유엔(UN)의 각종 보고서와 탈북민의 증언을 들어 보면 당시 상황이 우리가 생각한 것보다 훨씬 심각했고, 특히 북한 주민의 사회적·정치적 이탈을 막기 위해 자행된 북한의 인권 유린이 얼마나 심각했는지 더 생생하게 알 수 있다.[12]

하지만 우리는 남한에 온 탈북민을 단순히 경제적 어려움, 가난과 기아 때문에 온 자들로 인식해서는 안 된다. 그보다 더 궁극적인 목적이 있기 때문이다. 그 이면에는 요셉의 삶에 간섭하신 하나님의 주권과 섭리가 있다고 할 수 있다. 요셉은 야곱을 비롯한 가족과

---

[12] 북한의 인권 문제는 다음과 같은 책을 참조하라. 이용희, 《북한 바로 알기》(자유와생명, 2018). 이용희는 여기서 옥수수를 1년 먹을 양식으로 주면서 고의적으로 300만 명을 살인했다고 지적한다. 김성욱, 《북한을 선점하라》(세이지, 2010). 개, 돼지 가격에 팔려 가는 조국의 딸들이 어떻게 인권 유린을 당했는지를 탈북민들의 개인 심층 면접과 인터뷰 형식으로 보여 주고 있다. 강디모데, 《연어의 꿈》(예영비앤피, 2013). 이 책은 고난의 행군 시 북한의 실상과 자신의 내면세계를 통해 생생한 북한 기아와 탈출 기록을 증언한다. 2011년에 EBS에서 방영된 다큐 〈천국의 국경을 넘다〉는 같은 제목의 책(이학준, 청년정신, 2011)으로 출간되기도 했다. 이 다큐는 2년 5개월 동안 세계 10개국을 다니며 탈북자를 밀착 취재한 내용으로, 인신매매 현장을 구체적으로 보도하고 있다. 영화 〈48미터〉는 고난의 행군 시 자유를 찾는 사람들을 탄압하는 과정을 그리고 있다. 2008년 김태균 감독이 만든 영화 〈크로싱〉은 먹을 양식이 없어 유리걸식하는 꽃제비들과 탈북민들의 탈북 과정을 리얼하게 그리고 있다. 탈북한 사람들이 주민증이나 여권 없이 내몽고와 동남아로 흩어지는 상황을 묘사하고 있다. 영화 〈신이 보낸 사람〉에서는 북한의 지하교회 교인과 신앙의 자유를 찾는 사람들의 처절한 모습을 그리고 있다. 다큐 영화 〈투먼〉에서는 배가 고파 밥을 훔쳐 먹는 사람들이 조중 접경지역에서 사회 문제로 부각되는 것을 차분하게 그려 내고 있다.

친인척을 살리고 온 세상을 기근으로부터 구하기 위해 구원의 방편으로 가족의 품을 떠나온 사람이었기 때문이다.

이 땅에 온 탈북민들은 하나님의 형상을 회복해야 할 자유인일 뿐이다. 그들은 단순히 기아를 피해서 온 것이 아니라, 참된 신앙의 자유와 하나님을 만나기 위해 고향을 떠나온 것이다. 그들의 삶은 언젠가 돌아가야 할 고향이 있는 순례자의 삶인 것이다. 그러므로 이 땅에는 그들의 아픔에 대한 이해와 그들을 향한 따뜻한 배려가 있어야 한다. 영혼의 베이스캠프를 만들어 줄 필요가 있는 것이다. 목숨을 걸고 자유를 찾아온 탈북민들 안에 하나님 나라와 복음이 들어간다면 놀라운 일들이 일어날 것이기 때문이다.

나는 극동방송에서 인터뷰한 K**의 말을 통해 이것을 이해할 수 있었다. K**는 탈북 후 중국 조선족 동포 교회에서 숨어 지내야 했다. 그때 한 할머니 밑에서 살게 되었는데 그 할머니가 그리스도인이었다. 처음에는 자신을 매우 귀찮게 해서 싫었지만, 그 할머니가 예배드리고 기도하는 모습을 보며 기독교에 대해 알게 되었다.

그는 시간이 지나고 남한에 와서야 하나님과 그리스도인들의 사랑을 알 수 있었다. 은혜를 받고 나니 자신의 생명을 하나님이 건져 주셨다는 것을 깨달을 수 있었던 것이다. 뿐만 아니라, 남한에 정착한 이후 취직이 안 되고 생활이 어려울 때마다 인격적인 하나님의 인도하심을 느낄 수 있었다. 방송에서 K**는 자신이 대학교에 입학한 이유와 전공을 선택한 동기를 밝혀 주변 모두를 놀라게 했다.

그는 앞으로 통일이 되면 북한을 재건하는 데 자신의 전공이 사용될 것 같아서 선택했다고 말했다.

이처럼 남한에 온 모든 탈북민들은 항상 '통일', '고향', '가족', '조국'을 매 순간 의식하며 산다. 어디 그뿐인가? 자신들로 인해 북한에 남겨진 친인척들은 고통을 당하는데 자신들만 자유와 행복을 누린다는 자책감이 있다. 그래서 늘 빚진 마음이다. 북한에 있는 가족들의 행복까지 갑절로 살아야 한다는 부담감이 있기 때문이다.

탈북민에게 왜 취직하느냐고, 왜 이 전공을 택하느냐고 물어보면 답은 언제나 똑같다. '통일이 되면 고향에 돌아갈 것을 대비하기 위해서'라는 내용이다. 잠깐씩 현실에 젖어 살면서 자신의 신분을 잊어버리긴 해도 그들 마음 저 깊은 내면에는 빚진 자의 마음이 있다. 내가 알고 있는 탈북 청년 대학생과 대화해 보니 그들 역시 마찬가지였다.

S**

건국대학교 부동산학과를 나왔다. 왜 그 전공을 택했냐고 물으니, 통일이 되면 새로운 한반도에 토지 개혁을 하기 위해서라고 대답했다.

Y**

상명대학교 국어국문학과에 재학 중이다. 졸업 후 자신처럼 중국에서 태어난 북한 아이들에게 한국말을 가르치기 위해서라고 했다(이 친구는 한국

말을 전혀 못했는데, 지금은 대안학교와 교회 언니, 오빠들의 도움으로 한국말을 아주 잘한다).

H**

항상 "나는 제빵사가 꿈이에요"라고 대답하는 친구다. 제빵사 시험이 어려워 합격을 못하고 있단다. 나중에 통일이 되면 빵집을 열어 가난하고 힘든 사람들을 도와주겠다고 한다.

H**

지금은 보험 영업을 하는데, 돈을 많이 벌어 꼭 성공하고 싶고, 빨리 아파트를 얻는 것이 목표다. 그 아파트에 북한의 가족을 데리고 와서 함께 사는 것이 꿈이라고 한다.

Y**

캐나다에서 어학연수를 했다. 영어를 유창하게 배워 남한 사회에서 성공하고픈 열정이 있다. 그래서 통일 후 북한 사람들이 난민 신청할 때 잘 정착할 수 있도록 도움을 주고 싶다고 한다.

K**

간호사가 되어 가난하고 아픈 사람을 섬기기 위해 열심히 배우며 일하고 있다. 통일이 되면 북한의 아픈 사람들을 도우며, 병원 일손이 상당히 모자라는 그곳에서 봉사하고 싶다고 한다.

그들은 비록 표현이 서툴고 속도가 더딜지라도 직업을 찾거나 공부할 때 저마다 이 같은 특별한 목적을 갖고 있다. 우리는 이 점을 높이 사야 한다. 남한 사회와 교회는 이런 탈북민들을 도와주고 돌보아 줄 책임이 있다.

'먼저 온 통일'을 기쁘게 맞으라

최근에는 탈북민들도 시간이 흐름에 따라 세대별로 점점 차이가 나고 있다. 남한에 와 있는 탈북민 그룹을 알기 쉽게 1세대, 2세대, 3세대로 구분하자면 아래와 같다.[13]

1세대(90년대 이전)   비인간적인 독재 정권에서 벗어나려는 정치적, 사상적 동기

2세대(90년대 중반 이후)   고난의 행군 시기에 경제적 및 신변 안전과 북한 체제에 대한 회의에 의해 가장 많이 들어온 세대

3세대(2000년 이후)   보다 나은 삶을 위해, 기입국한 가족과 함께 살기 위해, 더 나은 교육과 자녀의 미래를 위해

---

13   주승현, 《조난자들》(생각의힘, 2018), pp. 127-190; 숭실대학교 기독교통일지도자훈련 센터, 《기독청년통일제자훈련 포유스쿨》, pp. 43-44. 참조.

특히 젊은 세대들에게는 탈북의 이유가 다양화되고 있다. 이들 대부분은 남한 드라마를 보다가 선진국 수준으로 발전한 남한 사회를 동경하게 되어 온 친구들이다. 북한의 전력난이 심해져 TV를 제대로 시청할 수 없게 되자, 북한은 중국이 만든 USB와 휴대용 DVD 플레이어를 보급시키기 시작했다. 그런데 DVD 플레이어가 휴대하기 편하고 충전도 쉬워 급속도로 확산되면서 거의 대부분의 가정이 이를 사용하게 되었다. DVD 플레이어를 통해 남한의 드라마와 한류 문화(K-Pop 등)도 확산되기 시작했는데, 이 문화를 생생하게 접한 이들이 바로 북한의 젊은 세대들이다. 북한 젊은이들은 남한 드라마를 통해 우리가 생각하는 것보다 훨씬 강력한 영향을 받는 것으로 알려져 있다.

앞에서도 언급했지만, 문화의 차이와 세대를 초월해 도달하는 한 가지 결론은, 모든 탈북민의 삶은 바로 요셉의 생애와 같다는 것이다. 우리는 하나님의 시선으로 볼 때 비로소 그들에 대한 하나님의 섭리와 계획을 알 수 있다. 그들은 가족과 온 세계를 구원하기 위해 먼저 파송되어 보내진 자들이다. 갑작스럽게 통일이 되면 혼란이 더 가중될 수 있기에 우리에게는 통일에 대한 연습이 필요하다. 그런 점에서 탈북민들이 남한 사회에 잘 정착한다면 통일은 훨씬 쉬워지리라 생각한다. 그런 점에서 탈북민들은 남북통일에 중요한 가교가 될 것이다.

그러나 반대로 그들이 남한 사회에 잘 적응하지 못하고 갈등과 분열 속에 있다면 통일은 요원해질 수밖에 없다. 나중에 물리적 통일이 이뤄지더라도 북한 주민들에게 남한 사회에 대한 좋지 못한 평판이 퍼진다면, 사회문화적으로 화합과 통합은 더 어려워질 수 있다. 그렇기 때문에 탈북민들은 남북한의 평화를 만드는 선구자이며 가교다. 한마디로 그들은 '먼저 온 통일'인 것이다.

가끔 북한 선교에 대한 강의를 듣거나 통일 기도회에 참석해 성령의 불을 체험한 이들이 북한 선교에 열정을 품고 하나공동체를 찾곤 한다. 그들은 조급하게 탈북민들을 위해 어떤 사역이라도 다 감당할 것처럼 자세와 태도를 보인다. 그러나 탈북민 지체들은 오히려 이러한 사람들을 더 경계한다. 왜냐하면 그들은 사역보다 남한 성도들이 자신들과 함께해 주기를 바라기 때문이다.

실제로 급하게 뭔가를 해치우고 싶은 사람들은 얼마 지나지 않아 공동체를 떠나게 된다. 탈북민의 문화를 이해하지 못하고, 그들이 자신에게 마음의 문을 열지 않는 것에 상처를 받기 때문이다. 하지만 생각해 보라. 남한 사람들이 섬기겠다고 올 때마다 쉽사리 꺼내기 어려운 속내를 내보여야 한다면 탈북민 입장에서 볼 때 얼마나 고통스러운 일이겠는가? 우리가 먼저 이해하고 기다려 주며 함께 하나 되어 가는 시간을 반드시 가져야 한다.

하나님이 허락하신 이 만남에서는 두 가지 사실이 중요하다. 첫째, 탈북민은 방황하지 말고 하나님의 때가 이를 때까지 남한 사회에서 잘 정착해야 한다. 둘째, 우리에게는 탈북민과 하나 되고 화해

하는 시간이 필요하다. 탈북민은 우리가 간절히 기도한 통일에 대해 하나님이 응답하고 보내신 사람들이란 점을 결코 잊어서는 안된다. 이것이 북한을 새롭게 보는 하나님 나라의 관점이다. 이러한 기독교적인 관점이 없으면 우리가 하는 탈북민 사역, 통일 사역, 북한 사역들의 근간이 흔들리게 된다. 북한 사역을 하다가 쉽게 지치는 것도 하나님 나라의 관점이 바로 서지 않았기 때문이다.

4.
통일은 호각 값이 아니다

북한에 관심이 있는 사람이라면 통일에 대해 궁금해 하는 것은 당연하다. 그중 가장 많이 질문하는 것은 '언제 통일이 이뤄질 것인가?'이다. 한 리서치 기관에서 통일에 대한 국민의식 설문조사를 실시한 적이 있다. 그 조사에 따르면 젊은 세대들은 통일을 반대했다. 또 실제로 준비된 통일과 갑작스런 통일은 비용 면에서 천문학적인 차이가 났다. 통일의 시기, 방법에 따라 그 비용은 크게 달라질 수 있다.[14] 그러나 기성세대는 젊은 세대들에 비해 일반적으로 통일을 지지하는 것으로 나타났다.

---

14   김병로, 《다시 통일을 꿈꾸다》(모시는 사람들, 2017), pp. 49-53; 전우택 외, 《통일에 대한 기독교적 성찰》(새물결플러스, 2014), pp. 17-37; 신창민, 《통일은 대박이다》(한우리통일출판, 2013), pp. 47-63.

▷ **통일 비용 대조표**

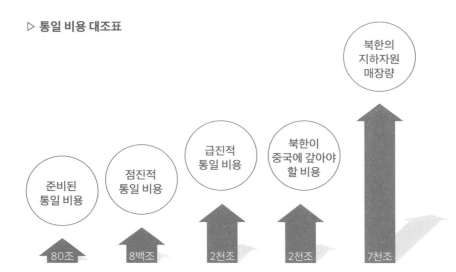

그렇다면 기성세대와 젊은 세대를 포괄하는 교회의 입장은 어떠해야 할까? 대한민국 사회에서는 통일에 대해 보수 진영의 견해도 있고, 진보 진영의 견해도 있다. 또 교단과 교회, 개인의 편차에 따라 북한에 대한, 또 통일에 대한 견해의 범위가 상당히 크다.

▷ **시나리오별 통일 비용 추계 결과**

	현 상태 유지	인도적 지원 확대	전면적 교류·협력
추계 기간	2076년	2065년	2060년
통일 비용	4,822조 원	3,100조 원	2,316조 원
GDP 대비	2.3%	2.0%	1.8%

＊통일 준비 기간 10년(2016-2025년)으로 가정　＊2010년 가격 기준

▷ **통일 비용 추이**(단위: 조 원)

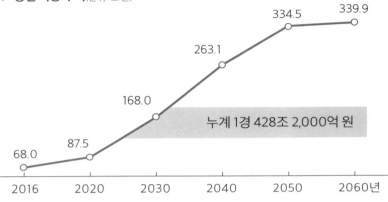

339.9

334.5

263.1

168.0

87.5

68.0

누계 1경 428조 2,000억 원

| 2016 | 2020 | 2030 | 2040 | 2050 | 2060년 |

• 2015년을 통일 시점으로 가정

▷ **통일의 경제적 효과**

경제 규모	2013년	2060년
GDP	1조 4,000억 달러(세계 12위)	5조 5,000억 달러(세계 10위)
1인당 GDP	2만 9,000달러(세계 19위)	7만 9,000달러(세계 7위)

2016-2060년 통일의 경제적 순편익은 비용의 3.1배
통일 비용(실질기준): 4,657조 원(연평균 103조 원)
통일 순편익(실질기준): 1경 4,451조 원(연평균 321조 원)

• 2015년을 통일 시점으로 가정

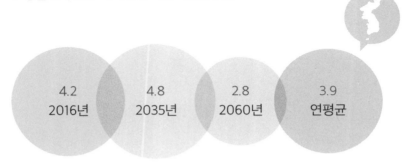

▷ **통일 한국 GDP 대비 통일 비용 비중**(단위: %)

4.2
2016년

4.8
2035년

2.8
2060년

3.9
연평균

• 2015년을 통일 시점으로 가정(자료: 국회예산정책처)

혹자는 통일에 대해 북한 정권과 북한 주민을 구분해서 사용해야 한다고 말하기도 한다. 일반적으로 사랑한다고 할 때, 도와주어야 한다고 할 때 대부분은 서로 사랑하자는 것에 다 동의한다. 하지만 누구를 어떻게 사랑해야 하는가 하는 점에서는 우선순위와 방법론에 차이가 생긴다.

보수 진영의 논리는 북한을 이해하고 인권 문제를 제기하는 데 상당한 공헌을 했다. 진보 진영은 이러한 부분을 놓친 사례가 있다. 반면 진보 진영이 평화, 대화, 비폭력 인도주의를 주장하는 데 반해 보수 진영의 사람들은 이를 의심하며 거부하기도 한다. 더 미래로 나아가지 못하고 과거에 발목 잡혀 개혁의 능력을 잃어버린 것이 보수 진영의 약점이라 할 수 있다. 왜냐하면 빠르게 변화하는 시대의 흐름을 놓치는 경우가 있기 때문이다.

이처럼 한국 사회와 교회 안에서도, 성도들 사이에서도 보수와 진보, 세대 차이 등으로 분열에 분열을 거듭하고 있다. 그렇다면 우리에게는 이분법 이외에 진정 다른 대안은 없는 것일까?

한국전쟁과 이념 갈등의 문제를 소설로 깊이 있게 탐구한 고(故) 박완서 작가는 언젠가 이념의 허구성을 꼬집으며 이런 말을 했다.

"우리에게는 좌익도 우익도 아닌 이념을 넘어선 진정한 삶이 중요하다. 그래서 나는 이념의 헛됨과 공소성을 고발하는 작품을 쓰고 있다."

실제로 그녀는 《나목》,《목마른 계절》이란 소설 속에서 좌우 이념을 초월한 참된 휴머니즘을 그리고 있다. 이들은 모두 전쟁 중에 자신과 가족이 체험한 자전적인 소설로서, 두 작품 모두 섬세한 묘사로 정평이 나 있다.

이렇듯 그리스도인과 교회도 단순한 이분법적 관점을 넘어, 보다 큰 하나님의 뜻에 맞추어 통일을 이야기할 필요가 있다. 이를 위해 다양한 통일의 관점을 살펴볼 필요가 있는데, 일반적으로 통일에 대한 네 가지 관점이 있다.[15] 각 견해들의 장단점을 비교하면서 신앙적 입장을 견지한다면 훌륭한 통일의 로드맵이 그려질 수 있을 것이다.

---

15   김병로, 《다시 통일을 꿈꾸다》(모시는 사람들, 2017).

통일을 바라보는 네 가지 관점

1) 경제적인 관점

'통일은 잭팟(jackpot)이다.' 이러한 신념을 가진 사람들은 통일을 반드시 이뤄야 한다고 말한다. 북한에 7천조가 넘는 지하자원이 매장되어 있다고 가정할 때, 그것만으로도 남북한의 통일은 마땅히 가치가 있다고 보는 입장이다. 그러나 이러한 입장의 위험성은 단순히 경제적인 가치로만 통일을 논하기 때문에, 실용적이기는 하지만 통일 이후 발생할 수 있는 사회, 정치, 문화적인 통합과 갈등에 대해서는 대안을 제시하기 어렵다는 단점이 있다.

2) 정치적인 관점

국민 다수가 아닌 승자 독식의 체제 우월을 입증하려는 소수 정치인들의 입장을 반영하는 견해다. 이러한 입장의 주창자들은 북한의 고려연방제나 남한의 자유민주주의 체제를 강조하며, 특정 정치 체제로의 편입을 주장한다. 자칫 정책 대결로 통일을 몰아갈 수 있으며, 정치적인 성향에 따라 일관성이 없게 된다는 약점이 있다. 게다가 거대 통일 담론이 과연 소수 정치인들에 의해 좌지우지될 수 있는가에 대한 의문에는 한계가 있다.

3) 민족적인 관점

이 견해는 왜 통일을 해야 하는가에 대해 무조건적인 당위성을 주장하는 관점이다. 기성세대들은 남과 북이 한 핏줄, 한 민족, 한 형제였기 때문에 당연히 통일해야 한다는 의견이다. 그러나 이러한 견해의 약점은, 이렇게 당연하다는 듯 통일을 했다가 통일된 이후 다시 분단된 예멘과 같은 사례도 있다는 점을 간과하고 있다는 것이다. 통일 이전보다 통일 이후에 더 못살게 되는 것을 바라는 민족과 국가는 없기 때문이다. 따라서 단지 민족이라는 이유만으로 통일을 추진하는 것은 바람직하지 않다.

4) 하나님 나라의 관점

네 번째 견해는 기독교적인 관점으로, 참된 그리스도인과 교회는 늘 하나님 나라의 관점을 견지해야 한다. 즉 세속적인 입장이 아닌 하나님의 뜻과 하나님 나라의 관점에서 통일을 바라보아야 한다는 것이다. 이는 통일 이전과 통일 이후 모두 하나님의 주권 속에서 통일을 이루자는 입장이다. 이것은 성경과 하나님의 뜻 안에서 한반도에 대한 하나님의 계획은 무엇일까를 생각하는 견해다. 따라서 이것의 신학적 근거와 주장은 성경적 기반에 있다.[16]

　개인사나 민족사, 세계사에 있어 그리스도인들은 세상의 역사관

16　박정수, 《성서로 본 통일신학》(한국성서학연구소, 2010) 참조.

외에 그 이면에 운행하는 하나님 나라와 섭리사관을 믿는다. 이러한 입장에서 볼 때 기독교적인 통일은 경제적, 정치적, 민족적 입장 이전에 하나님의 형상으로 지음 받은 영혼을 구원하는 문제이자 영적인 문제로 보는 것이다.

또 통일을 이분법적인 이념과 정치 문제로 예단해서는 안 된다는 입장이다. 한반도의 통일은 궁극적으로 땅의 문제가 아니라 하늘의 문제이기 때문이다. 사람의 문제인 동시에 하나님과의 관계성에 대한 문제라는 점을 놓쳐서는 안 된다. 안타깝게도 그동안 한국 교회와 성도들조차 통일을 경제적, 정치적, 민족적인 문제로만 바라볼 때가 많았다. 그러나 우리가 궁극적으로 통일을 원하는 까닭은 하나님의 뜻 안에 있다. 곧 한반도가 하나님 나라의 샬롬과 복음적 평화 통일을 이루어 세계 속의 제사장 나라가 되길 원하시기 때문이다.

지금까지의 통일 담론은 지나치게 인간 나라의 관점에 치우쳐 왔음을 부정할 수 없다. 물론 통일 담론에 인간적인 관점은 부분적으로 필요하다. 그러나 그동안의 논쟁과 토론은 기독교적인 입장을 잃어버린 채 통일, 평화, 안보 등 공통의 지향점을 볼모로 좌우 대립과 세대 간 논쟁과 혼란을 거듭해 왔다.

이러한 논쟁의 문제점은, 하나님 나라의 가치는 어디에서도 찾아볼 수 없다는 것이다. 복음보다 이념을 우상화하고, 복음의 자리에 하나님 대신 다른 것을 앉혀 놓고 우선시하며 관심을 갖고 달려왔음을 부정할 수 없다. 이러한 자세가 교회 안에 스며들면서 다음과 같은 분위기를 만들어 냈다. 즉 반공심이 투철하면 신앙이 좋은 것이고, 북한을 도와주는 것은 종북 내지 신앙이 나쁘다는 식의 이분법적 사고가 팽배해진 것이다. 하나님 나라의 가치를 추구하는 교회조차 이러한 프레임에 갇혀 있다 보니 이데올로기 논쟁에서 빠져나오지 못한 채 정치적 이념 논쟁으로 전락하고 말았다.

그러나 복음은 결코 이념이 될 수 없다. 복음은 이념을 뛰어넘는 가치임을 잊어서는 안 된다. 땅의 문제를 결코 부정하지는 않지만, 오히려 복음은 그것을 초월하는 개념임을 잊지 말아야 할 것이다. 예수님이 가르쳐 주신 기도처럼 '하나님 나라가 하늘에서 이루어진 것처럼 이 땅에도 이루어지이다' 하는 통합적인 모습을 드러내야 한다. 따라서 C. S. 루이스(Lewis)가 지적한 것처럼 "그리스도인들이 어떤 주의(ism)나 사상을 신봉하게 되면 하나님의 진리에 대한 관심을 잊어버리는 경우가 있다"는 말은 마음에 되새길 필요가 있다.[17]

---

17 이문식은 이데올로기의 본질에 대해 다음과 같이 설명한다. "이데올로기는 원래 철학으로부터 시작했습니다. 철학이란 어떤 사물을 비판하되 그 자체도 비판을 받고 상대화되기도 하고 폐기될 줄도 알아야 됩니다. 그런데 철학이 철학의 자리를 떠나서 종교의 자리로 들어오면 그때부터 비판을 허용하지 않습니다. 스스로 절대적이라고 주장합니다. 이런 철학의 종교화 현상을 학자들은 이데올로기라고 규명합니다. 철학이 이데올로기가 되어 종교의 자리로 올라서기 시작하면 이 이데올로기에 반대하는 사람들을 가혹하게 죽입니다. 이데올로기를 실현하기 위해서 무슨 일이든 무슨 수단이든 다 동원합니다." 이문식, 《통일을 넘어 평화로》(홍성사, 2007), pp. 14-15.

통일의 골든 타임을 사수하라

다시 한 번, 이념은 이 땅의 개념이지만 복음은 하늘의 개념임을 놓쳐서는 안 된다. 따라서 통일의 개념을 하나님 나라 관점에서 새롭게 정의할 필요가 있다.[18] 한국 교회는 세상의 가치관에 이끌려 가는 것이 아니라 '한 영혼의 발을 씻기는 예수님'처럼 섬기는 종의 자세를 가져야 한다. 선한 목자는 삯꾼 목자와 달리 자신의 목숨을 많은 사람의 대속물로 주려 한다. 자신을 희생하려 하는 자가 통일 리더가 됨을 결코 잊어서는 안 된다. 교회와 그리스도인들은 진영 논리, 이념 논리를 넘어 한 영혼을 소중히 여기는 자세가 필요하다. 한 생명을 살리려는 종의 자세만이 하나님 나라의 가치를 보여 주기 때문이다.

1985년 11월 14일, 남중국해에서 금방이라도 부서질 것만 같은 목선에 탑승한 베트남 보트 피플 96명이 구조를 기다리고 있었다. 이 중에는 임신부도 있었다. 벌써 25척의 배들이 그들의 소리를 외면하고 지나쳤다. 마지막 26번째 배인 참치 원양어선 광명 87호의 선장 전재용 씨는 이 사실을 알고 한국에 전보를 쳤다. 당시 원양어선 회사에서는 일이 복잡해질 수 있으므로 그냥 무시하라고 지시

---

18   이문식, 《통일을 넘어 평화로》(홍성사, 2007), p. 15; 숭실대학교 기독교통일지도자훈련
      센터, 《기독청년통일제자훈련 포유스쿨》, p. 2.

했다. 하지만 전재용 선장은 그들을 보고 지나칠 수 없었다. 선상에서 선원들과 회의를 했지만 대다수 선원들도 회사의 지시를 따르자는 입장이었다. 오히려 고민하는 선장을 질책하는 이들도 있었다. 당시 대한민국 정부에서도 이런 일을 처리할 수 있는 난민법의 근거가 애매하기에 무시하라고 권고했다.

　물론 전재용 선장도 그 현실을 모르는 것은 아니었다. 회사의 지시를 어기면 자신과 가족이 손해를 볼 것이고, 자신의 미래도 불투명해질 수 있다는 것을 누구보다 잘 알았다. 그러나 그는 외쳤다. "구하자. 모든 것은 내가 책임진다." 그는 모든 일은 자신이 책임지겠노라 결단하고 무조건 그들을 돕기로 작정했다. 어쩌면 그의 일생에서 가장 괴로운 시간이었겠지만, 그는 결단했다. 그는 96명의 귀한 생명을 구조했고, 자신의 사명을 다했다.

　그 후 부산외항에 입항했던 96명의 난민들은 미국, 프랑스 등으로 뿔뿔이 흩어졌다. 그리고 난민을 데리고 입국한 전재용 선장은 절차상 국가안전기획부(안기부, 현재 국가정보원)에서 조사를 받아야 했다. 조사를 받고 있던 중 회사는 다른 선장을 채용했고, 그는 자동적으로 사직 처리되었다. 전재용 선장은 한 언론사와의 인터뷰에서 '왜, 어떻게 그들을 구했느냐'는 질문을 받았을 때, "나 아니고 누구라도 그곳에 있었으면 도왔을 일"이라며 겸손하게 대답했다.

　세월이 흘러, 미국과 프랑스 등으로 떠나야 했던 난민들 중 일부는 현지에 잘 정착했고, 그중 미국 LA에 정착한 베트남 사람 피터

누엔은 한인회와 함께 전재용 선장과 그의 가족을 LA로 초대했다. 목숨을 살려 준, 평생 잊을 수 없는 은인에 대한 감사로 재회를 한 것이다. 2004년 8월 5일, 그날 LA에서 이 광경을 목격한 많은 사람들이 함께 감동을 나눴다.

다른 배들처럼 난민들의 목소리를 외면하고 지나칠 수 있었지만, 그들의 목소리에 귀 기울였던 전재용 선장은 비록 큰 손해를 보았고 주위로부터 원망도 많이 들었지만, 지금도 인생에서 가장 잘한 일이라고 믿으며 현재 통영에서 양식업을 하고 있다.

2014년 4월 16일에도 비슷한 사건이 벌어졌다. 그날 전라남도 진도 앞바다에서는 승객 400여 명을 태운 세월호가 제주도로 향하고 있었다. 그런데 갑자기 여객선은 균형을 잃어버렸고, 구조팀도 제대로 꾸리지 못한 상황에서 침몰하는 사건이 벌어졌다.

하지만 전 국민을 충격에 빠뜨린 것은, 승객의 안전을 책임져야 할 선장이 침몰하는 배에 남겨진 승객을 뒤로하고 자신의 목숨만 건질 생각으로 탈출하는 장면이었다. 끝까지 남아 구조를 해도 어려운 상황에서 제일 먼저 구조된 무책임한 선장…. 결국 300여 명의 귀한 생명을 안타깝게 잃어버렸다. 더 안타까운 사실은, 300여 명의 승객은 충분히 구조될 수 있었는데, 그만 구조될 수 있는 '골든 타임'을 놓쳤기 때문에 구조되지 못했다는 것이다.

이 두 사건을 보면서 질문을 던져 본다. '한국 교회와 그리스도인들은 하나님이 사랑하시는 북한 영혼의 생명을 구원할 준비가 되었는가?' 최근 한반도를 둘러싼 상황이 복잡하다. 한반도의 비핵화와 평화 체제 전환을 이슈로 남북과 북미가 그리고 전 세계가 복잡한 계산기를 두드리고 있다. 조금은 조급한 것 같고 위험해 보이지만, 통일이 이뤄질 때까지 우리에게 주어진 이 시간이 어쩌면 한국교회와 그리스도인들에게 주어진 하나님의 소중한 골든 타임이 아닐까 생각한다.

5.
하나님 나라의 회복이
어느 때니이까

우리가 기도할 때 응답받는 것은 신앙생활에 있어 중요한 일이다. 하나님의 응답이 없이 맹목적으로 기도만 한다는 것은 현실적으로 불가능하기 때문이다. 따라서 통일을 기도하는 많은 사람들은 자신의 기도와 함께 통일이 언제 이루어질 것인지에 관심이 많다.

성경을 통해 '통일의 때를 위한 약속의 말씀'을 찾아보자. 신약성경 사도행전 1장 6-7절에는 우리의 소원과 하나님의 소원이 다를 수 있음을 암시하는 말씀이 나온다. 이 말씀을 통해 우리의 소원은 즉각적인 통일이지만 하나님은 다르게 응답하실 수 있음을 알 수 있다. 준비 안 된 채 서두른 통일은 오히려 불행해지고, 서로에게 상처를 주며, 실패로 끝날 것이기 때문이다.

부활하신 이후 예수님은 40일 동안 지상에서 하나님 나라에 대해 가르치셨다. 그때 제자들은 예수님에게 자신의 민족과 나라의 운명이 어떻게 될지를 묻기 시작했다. "이스라엘 나라를 회복하심이 이때니이까"(행 1:6). 이들은 하나님 나라의 회복과 인간 나라의 회복을 혼동하고 있었다.

사도들이 살았던 초대교회 당시 이스라엘 백성은 로마의 잔혹한 식민 지배 아래서 선조 다윗 왕조와 같은 통일 왕국에 대한 기대가 컸다. 다윗과 같은 메시아가 와서 자신들을 억압된 상황에서 해방시켜 주기를 바란 것이다. 그러나 부활하신 주님은 이스라엘의 국가적 독립과 정치 해방이 아닌 하나님 나라의 회복을 말씀하셨다.

그 말씀은 무엇을 의미할까? 통일을 바라는 인간적인 마음도 중요하지만, 그렇다고 통일과 민족이 하나님보다 앞선 우상이 되어서는 안 된다는 의미일 것이다. 이러한 의미에서 볼 때, 한민족 모두가 통일주의자가 되어 모든 것을 희생하고서라도 통일만을 주장한다면 이 논리는 잘못된 것이다. 우리가 원하는 통일은 국가주의나 민족주의가 아니기 때문이다. 하나님 나라의 관점에서 '거룩한 통일'이어야만 이 민족이 쓰임 받을 수 있기 때문이다. 통일은 오직 하나님 나라의 관점에서 이루어져야 한다. 하나님 없는 통일은 자칫 세속적이고 인간적인 욕망이 점철된 통일일 수 있기 때문이다.

〈우리의 소원은 통일〉이라는 노래는 남북이 모두 따라 부를 수 있는 유일한 통일 노래다. 원래 이 노래는 1947년 발표 당시 '우리의 소원은 독립, 꿈에도 소원은 독립'이라는 가사였다고 한다. 일제 강점기 당시 민족의 독립과 해방을 간절히 염원하면서 불렀던 노래이기 때문이다. 일본의 압제에서 벗어나 독립이 이루어진 뒤에는 전쟁을 겪고 분단이 되면서 남과 북 모두 가사를 '우리의 소원은 통일'로 바꾸게 되었다.

그렇다면 통일을 염원하는 우리 소원의 실체는 무엇인가? 돈을 많이 버는 것, 안정된 직장을 얻는 것, 경제적으로 발전된 남한 사회에 잘 적응하는 것, 좋은 남녀를 만나 결혼하는 것, 통일이 될 날을 고대하며 돈을 저축해서 북한 고향에 돌아가는 것, 혹은 부모와 친척이 한국에 오게 하는 것일 수 있다. 그러나 하나님이 원하시는 통일 시나리오는 우리가 원하는 내용들과 전혀 다를 수 있다. 왜냐하면 하나님은 이 민족과 나라가 통일에 대한 관심보다 거룩에 대한 관심이 더 많아지기를 바라시기 때문이다.

하나님 나라의 관점으로 바라보라

하나님이 이스라엘을 세우신 목적은 세상을 구원하기 위해서다. 하나님과 우리의 깨어진 관계를 회복시키기 위해 그들을 불러내신 것이다. 그러니 이 땅에서의 피상적인 축복을 구하고 본질적인 사명을 잃어버린다면 무슨 의미가 있겠는가. 하나님 나라는 이 땅에 속한 나라의 이야기가 아니라 하늘의 이야기다.

사도행전 1장 2절은 예수님의 공생애 기간에 예수님이 일하시고, 가르치시고, 제자들을 선택하시고, 하늘로 올라가신 날까지의 기록, 즉 십자가 사건까지의 일을 말씀한다. 그러나 3절은 어떻게 보면 반전의 기록이다. 부활 이후 예수님 자신이 죽지 않고 살아나셨다는 증거를 보이며 40일 동안 이 땅에 부활체를 입고 500여 명의 형제들에게 나타나셨다고 말씀한다. 이 기간에도 여러 말씀을 전하고 가르치셨는데, 중요한 주제가 바로 하나님 나라에 대한 일이라는 것이다.

우리는 예수님이 공생애를 시작하실 때의 말씀과 부활 후 이 땅에서의 마지막 말씀의 주제가 하나님 나라였음을 주목할 필요가 있다. 즉, 교회와 그리스도인들이 하나님 나라의 관점을 잃어버린다면 그 어떤 통일 담론도 매우 위험하기 때문이다. 이러한 의미에서 사도행전 1장의 내용은 다음과 같은 교훈을 준다.

하나님의 관심은 하나님 나라에 있다

제자들이 구했던 회복된 이스라엘(6절 참조)은 이 세상의 인간 나라다. 그들은 이 땅에서 잘되는 나라를 구했다. 그러나 인간 나라는 겉으로 보기엔 화려하지만 영원하지 못하다. 창세기 11장의 바벨탑 사건과 다니엘서의 열왕들, 이스라엘의 열왕들을 생각해 보라. 그들 모두 하나님에 의해 역사 속에서 사라지고 말았음을 잊어서는 안 된다.

한반도의 통일도 마찬가지다. 우리는 하나님 나라를 구해야지, 인간 나라의 복지 혜택을 우선시해서는 안 된다. 그것은 하나님이 기뻐하시지 않기 때문이다. 하지만 우리는 하나님을 믿으면서도 여전히 인간 세상의 가치를 더 우선시하며 구할 때가 많다. 우리도 제자들처럼 이스라엘 나라의 회복을 구하곤 한다. 이 세상 나라에서 잘 먹고 잘 살기를 꿈꾸는 것이 우리의 현실인 것이다.

남한에 온 탈북민들은 왜 힘들어할까? 하나님 나라에 대한 관심을 잃어버렸기 때문이다. 어느덧 하나님의 은혜는 잊은 채 자신이 왜 여기에 왔는지 그 목적조차 희미해진 것이다. 남한 사회에서 느끼는 상대적 박탈감과 열등감으로 인해 자신의 정체성을 잃어버렸기 때문이다.

이때는 다시 하나님 앞에서 질문해야 한다. 왜 압록강, 두만강을 건너왔는가? 탈북민은 남한 선교사가 오자고 해서 온 것이 아니다. 탈북민이 오고 싶어서 온 것도 아니다. 배고파서 온 것도 아니고, 외로워서 온 것도 아니다. 겉으로는 배고픔을 견딜 수 없어 자유를 찾아 나온 것 같지만, 사실은 하나님이 부르셔서 온 것이고, 통일 시대를 준비하기 위해 하나님이 오게 하신 것이다. 반대의 경우도 마찬가지다. 북한을 사랑하고 탈북민을 돕는 남한 사람들도 섭리적 관점에서 생각할 필요가 있다. 남한 사람이 왜 갑자기 북한에 관심을 가지게 되었을까? 그것은 우리의 생각이 아닌, 성령님이 이끄시고 의도하신 일이다.

이 세상의 관점에서 볼 때 북한 선교[19]는 미련한 것처럼 보인다. 생산적이지 않고 소모적이며, 손해 보는 일인 것이다. 심지어 탈북민을 아끼고 사랑했다는 이유만으로 욕을 먹을 때도 있다. 도와주었다고 비난을 받을 수도 있다. 세상에서도 별로 인정과 대접을 못 받는다. 그러나 하나님 나라의 관점에서는 한 알의 썩은 밀알이 되어 사역의 밑거름이 되는 것이다. 욕을 먹고 이해받지 못해도 하는 것이다. 왜냐하면 하나님이 나를 부르시어 이 사역을 맡기셨기 때문이다.

이 세상에는 사람이 주도하지 않는 하나님의 섭리와 역사가 있다. 그것은 인간인 내가 한 것이 아니라 하나님이 하셨다는 공통점이 있다. 언더우드 선교사는 본래 인도에 가고자 했지만 하나님은 그를 조선으로 인도하셨고, 중국 선교에 관심이 있던 토머스 선교사는 조선을 하나님의 마음으로 보게 하셨다. 그 이전에 토머스 선교사를 이 땅에 보냈던 모교회에서 한반도를 위해 기도했다는 사실을 상상해 보라. 그들은 왜 자신들과 전혀 관련이 없는 작은 은둔

---

19 일반적으로 기독교 진보와 보수 진영에서 남북한 통일에 대한 이론의 여지는 없다. 그러나 통일 방법론에 대한 시각의 차이는 있는데, 보수 진영에서는 북한 선교를, 진보 진영에서는 평화 통일을 각각 주장한다. 전자가 북한 정권의 붕괴, 승공 통일 방식을 강조한다면, 후자는 무력과 전쟁이 아닌 평화적 방법과 화해의 통일을 지향한다. 나는 이 책에서 두 가지 개념은 상호 보완적으로 사용되어야 한다는 의미에서, 기존의 북한 선교라는 좁은 의미보다는 보다 넓은 통일 선교의 차원으로 확장해 북한 선교 용어를 사용하고자 한다.

의 나라 조선을 위해 기도했을까? 이들은 모두 하나님 나라를 섬기며 살아갔던 사람들이기 때문이다. 이처럼 하나님 나라의 관점은 우리를 우리의 생각과 전혀 다른 방향으로 인도할 수 있다.

우리는 때때로 하나님에게 이 세상 나라에서의 축복만을 구할 때가 있다. 그러나 하나님은 복을 주시되, 그 복조차 하나님 나라의 사명을 위해 주신다는 것을 잊어서는 안 된다.

"이는 내 생각이 너희의 생각과 다르며 내 길은 너희의 길과 다름이니라 여호와의 말씀이니라 이는 하늘이 땅보다 높음같이 내 길은 너희의 길보다 높으며 내 생각은 너희의 생각보다 높음이니라"(사 55:8-9).

나의 생각이 아닌 하나님의 뜻을 좇으라

이스라엘 나라의 회복은 자기 생각에서 나온 것이다. 당시 유대인들이 기도했던 것은 하나님으로부터 나온 생각이 아니었다. 우리는 하나님을 사랑한다고 하면서도 내 생각대로 할 때가 많다. 그것은 믿음이 아니라 자기중심적 생각일 뿐이다.

마찬가지로 북한과 남한 사람들도 통일에 대해 각각 자기중심적으로 생각해 왔다. 각자의 방식으로 통일 체제에 대한 구상을 주장해 왔다. 하지만 그렇게 될 경우 정치, 경제, 민족적으로 더 큰 어려움이 닥칠 수 있다. 그래서 하나님은 오랫동안 이 민족을 기다리게 만드시는 것인지도 모른다. 사람들이 손을 뗄 때까지 지치게 만드시는 것이다. 아주 오래 기다리면 사람은 결국 지치게 마련이다. 그리고 그렇게 되어야만 자기중심적이고 이기적인 마음이 없어진다.

사도행전 1장 7-8절을 보면 예수님의 하나님 나라에 대한 생각을 확실히 알 수 있다. 예수님은 '너희의 알 바가 아니라, 오직 너희는 성령의 충만함을 받아 하나님 나라의 회복을 위해 살아야 한다'고 말씀하신다. 이를 위해 인간적인 생각을 내려놓고 성령으로 충만할 것과 기도할 것을 권면하신다.

하나님이 허락하시는 한반도의 통일은 언제쯤 이루어질까? 하나님의 뜻이라면 즉시 이루어질 수 있다. 그러나 하나님의 뜻이 아니라면 지금보다 더 오랜 기다림이 필요할 수도 있다. 하나님 나라처럼 통일의 그날과 그때는 비밀로 감추어져 있고 하나님만이 아신다. 그날과 그때는 하나님이 보시기에 남한 교회와 그리스도인들이 통일하기에 가장 잘 준비된 시간이다.

또 하나 주의할 것은, 통일이 우상이 되어서는 안 된다는 점이다. 팀 켈러 목사가 쓴 《내가 만든 신》(두란노서원 역간)에 따르면, 사람의 마음은 우상 공장과 같다. 선하고 좋은 것도 우상으로 만드는 나쁜 죄와 본성이 우리 안에 있다는 것이다. 하나님은 통일이 우상이 될 경우, 즉 믿음에 도움이 되지 못할 경우 우리의 기대와 다르게 통일을 영원히 허락하지 않으실 수도 있다. 하나님 나라에 남북한이 순종하지 않고 통일 이후 오히려 하나님을 떠나 인간 나라로 전락하는 것을 막기 위해 분단을 지속되게 하실 수도 있다.

조급하거나 서로 준비가 잘 안 되었을 때 통일이 찾아오면 축복이 되기는커녕 오히려 재앙이 될 것이다. 남한과 교회가 화목하지 못할 때 통일이 되면 세계 선교와 하나님 나라에 도움이 되기는커녕 오히려 하나님의 일을 그르치게 할 수도 있다. 그래서 이를 위해 더 기도해야 한다.

하나님 나라의 확장을 소망하라

예수님이 원하시는 것은 하나님 나라였다. 예수님은 제자들의 질문에 뭐라고 대답하셨는가? 눈에 보이는 이스라엘, 인간적인 이스라엘은 너희의 알 바가 아니라고 말씀하셨다. 우리의 관심과 초점이 바뀌어야 한다고 말씀하셨다. 오직 성령으로 충만하게 될 것을 명령하시며, 그날과 그때는 우리의 알 바가 아니라고 말씀하셨다. 오히려 기도하고 성령을 받으면 우리는 세계 선교, 하나님 나라를 준비하며 꿈꾸게 된다고 말씀하셨다. 그렇다면 예수님이 말씀하신 하나님 나라는 구체적으로 무엇을 말하는가?

하나님 나라의 핵심은 하나님의 통치와 다스림(Lordship)이다. 인간 나라는 '영토', '국민', '왕'이 중요하지만, 하나님 나라는 하나님의 '주권'이 가장 중요하다. 이러한 주권적 개념을 바로 이해할 때 하나님 나라를 바르게 볼 수 있다. 즉 시간과 공간을 넘어 하나님의 통치가 임하는 영역에 하나님 나라가 이루어지는 것이다.

성경에 나타난 하나님 나라의 특징을 살펴보면 다음과 같이 세

가지로 요약할 수 있다. 첫째, 하나님 나라는 영토가 아니라 주권이라는 개념이다. 사도행전 16장 16절 이하에 보면 하나님 나라가 무엇인지 알려 주는 중요한 말씀이 나온다. 바울과 실라가 선교 여행을 할 때였다. 그들은 두아디라의 고급 옷을 무역하는 루디아라는 여자를 만났다. 기도할 곳, 예배할 곳을 찾고 있었던 바울과 실라는 루디아가 소개하는 곳으로 가서 모임을 가질 수 있었다.

마침 그곳에 어떤 사람이 자신의 여종을 데리고 왔는데, 그녀는 신기가 있어서 점을 치던 사람이었다. 그때 바울은 여종 안에 악한 영이 있는 것을 보고 기도를 통해 하나님 나라를 보게 했다. 점치는 여종에게서 신기가 사라지자 수익이 떨어져 분을 느낀 주인이 바울과 실라를 로마 경찰에 신고했다. 이로 인해 그들은 로마법에 따라 체포되어 감옥신세를 져야 했다.

빌립보 감옥에서 바울과 실라는 얼마나 억울했을까? 그러나 그들은 하나님의 주권과 섭리를 의심하지 않았다. 그들은 감옥에서도 하나님 나라를 꿈꾸었다. 한밤중에 바울과 실라가 하나님을 찬양하고 기도하는데 갑자기 감옥 문이 열렸다. 그들은 도망칠 수 있었으나 그렇게 하지 않고 자리를 지킴으로 옆에 있는 죄수와 감옥을 지키는 간수들에게 복음을 전했다. 결국 이들은 감옥을 예배당으로, 선교지로 바꾸어 놓은 것이다. 죄수와 간수들은 바울과 실라가 전한 복음을 듣고 마침내 그곳에서 세례를 받게 된다. 성경에서는 이것을 하나님의 통치, 주권이라고 말한다.

서울 물댄동산교회 조요셉 목사는 "통일은 일상 속에서 이루어 가는 것"이라고 표현했다. 국가, 정치, 경제, 사회, 문화, 교육, 미디어의 모든 영역과 교회와 직장, 가정, 학교에서 누구를 만나든 하나님의 주 되심과 통치가 임하는 곳에 하나님 나라가 이루어진다고 말하는 것이다.

둘째, 하나님 나라는 '이미'(already)와 '아직'(not yet)의 현재진행형이다. 하나님 나라는 예수를 믿으면 즉시 오게 된다. 그러나 바로 완성되는 것은 아니다. 따라서 하나님 나라는 현재적인 동시에 미래적이다. 그래서 그 나라는 역동적 운동력이며(dynamic movement), 하나님의 다스림과 통치가 올 수 있도록 지금도 준비해야 하는 것이다. 이런 의미에서 우리는 지금 통일 예행연습 중이다. 통일은 탈북민 3만 2천여 명에 의해 이미 시작되었지만 완성까지 이르기엔 더 많은 노력이 필요하다.

언젠가 중국 길림성 훈춘의 삼합이라는 지역에 가 본 적이 있다. 그곳에서 오랫동안 통일이 오기를 기도하며 '기도의 집'을 섬기는 중보기도자들을 보았다. 그곳에는 러시아인, 북한인, 중국인, 조선족, 고려인, 한국인, 일본인, 미국인이 마음대로 왕래하고 있었다. 그 모습을 보면서 언젠가 통일이 되면 미래는 이런 모습이겠구나 하는 생각이 들었다. 어쩌면 그곳에서는 이미 통일이 시작되었는지도 모르겠다.

셋째, 하나님 나라의 계획은 세계 선교에 있다. 우리 교회와 그리스도인들에게 통일은 간절하다. 그러나 하나님이 통일에 대한 응답을 주실 때에는 통일의 복과 통일의 사명이 있다. 사명을 추구하면 복이 따라오지만, 복만 추구하고 사명을 잃어버리면 하나님 나라를 상실해 버리는 것이다. 하나님이 한반도에 통일을 주신다면 그것은 이 민족으로 하여금 세상을 섬기게 하기 위해서다. 북한 선교와 통일 운동이 궁극적 목표가 되어서는 안 된다는 말이다. 진짜 북한 선교는 통일을 뛰어넘을 때 가능하다. 그것이 하나님이 우리에게 원하시는 것이다.

남한과 북한은 통일된 후 일본과 중국, 중동과 이스라엘을 넘어 전 세계를 섬겨야 한다. 제사장 국가가 되어야 한다. 그때를 위해 통일이 되게 해 달라고 기도해야 사명과 복을 바르게 이해하고 있는 것이다.

탈북민은 디아스포라다. 하나님이 북한의 영혼을 불러내신 이유를 생각해 보면, 그것은 바로 세계 복음화를 위해서다. 세계 선교의 교두보가 되도록 그들을 먼저 불러내신 것이다. 풀무 불에 연단한 쇠처럼 모진 고난과 시험을 통해 단련된 이 민족을 회복시켜 그들에게 맡기셔야 할 사명이 있기 때문이다. 그것은 그들보다 더 큰 고난과 슬픔을 겪은 민족과 영혼들을 섬기게 하기 위해서다. 일본과 중국을 살리고, 중동과 예루살렘을 거쳐 유라시아 시대의 제사장 국가로 세우기 위해서다. 언젠가 우리는 평양에서 이스라엘로 갈 것이다. 이를 위해 단지 눈에 보이는 이스라엘 나라의 회복을 위해서만 기도해서는 안 된다. 기도 제목을 바꾸어 한반도 땅에 참된 하나님 나라의 회복이 있기를 기도해야 한다.

이 땅에 하나님 나라가 임하기까지

지금은 하나님 나라의 관점으로 우리의 삶을 돌아보아야 할 때다. 우리가 하는 모든 것은 하나님 나라와 관련이 있어야 한다. 하나님과 관계가 없다면 이 모든 삶은 무의미하게 된다. 탈북민들은 식당에서 일하며 감자나 양파를 깎아도, 커피 한잔을 타도, 요양병원에서 간병을 하더라도 곧 다가올 하나님 나라를 위해 일한다는 사명감을 회복해야 한다.

지금까지 북한을 바로 이해하는 것이 통일 준비의 핵심이며, 이러한 준비에 탈북민은 중요한 창문이 될 수 있다는 점을 강조했다. 즉, 탈북민들은 우리에게 먼저 온 통일이며, 그들은 통일 시대를 앞당길 수 있는 가교이자 하나님의 선물이라고 말했다. 따라서 교회와 그리스도인이 먼저 온 탈북민을 양육하고 복음화해서 사역자로 키우는 일은 통일을 한 걸음 더 앞당기는 일임에 틀림없다. 통일 이후 우리가 가는 것보다 그들이 가서 북한 문화의 옷을 입고 복음을 전한다면 보다 빨리 하나님 나라가 세워질 것이 분명하기 때문이다.

▷ 위성에서 본 한반도 야경

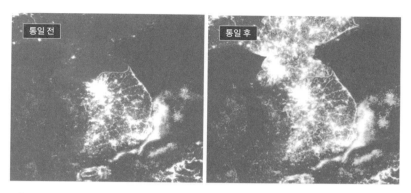

* 출처: 미국 백악관 / 2018. 6. 12 북미정상회담 중 미국 트럼프 대통령이 북한 김정은 위원장에게 보여
  준 통일 전·후의 한반도 위성사진

▷ 삼합, 방천 지역

* 중국과 러시아의 접경지대에 위치한 삼합, 방천 지역은 두만강 지역에서 무역량이 가장 많은 곳으로 탈
  북자들이 자주 나타나는 곳이다.

6.
탈북민을 어떻게
복음화 할 것인가

하나님 나라를 위한 탈북민의 복음화를 위해서는 먼저 탈북민, 그들이 누구인지 정확히 이해할 필요가 있다. '탈북민'은 특별한 사람들이다. 그들은 우리와 같은 한민족이지만, 분단의 아픔 때문에 고향을 상실하고 남한 사회에 와 있는 나그네로서 남한 사람들과 전혀 다른 문화적 특성을 가진 사람들이기 때문이다.

일반적으로 탈북민은 남한에 정착하는 과정에서 상상을 초월하는 문화적 충격을 경험한다. 하지만 남한 사람 역시 탈북민을 어떻게 받아들일 것인지 혼선과 복잡한 심경의 변화를 갖게 된다. 따라서 '탈북민의 복음화'를 논하기 전에 서로를 어떻게 바라보며 이해해야 하는가가 탈북민 양육에 있어 매우 중요하다. 결론부터 말하자면, 탈북민의 정체성[20]은 하나님의 시선으로 볼 때에야 비로소

---

20 전우택(한반도평화연구원원장, 연세의대 정신건강의학과, 의학교육학과 교수) 교수는 북한선교

정확히 이해할 수 있다. 사람마다 어떤 입장에서 북한을 생각하는 가에 따라 전혀 다른 결과를 도출할 수 있기 때문이다.[21]

탈북민 복음화율의 하락 원인

최근 통일부가 발표한 자료에 따르면 이미 국내에 들어온 탈북민의 숫자는 3만 2천 명이 넘는다고 한다.[22] 그리고 제3세계를 통해 흩어진 해외 탈북민이 더 들어오게 될 것이라는 전망도 있다.[23] 이렇게 계속해서 남한 사회로 유입되는 탈북민들을 방치하지 않고 교회와 그리스도인의 품안에서 어떻게 복음화시킬 것인가 하는 문

학교 2012년 5월 7일 강의 '북한 주민과 탈북민의 심리적 특성'에서 탈북민들의 이해를 크게 확대 해석하지 않는다. 그는 통일 문제를 '사람의 통일'로 인식하되, 남한 사람과 탈북민의 정신적인 문제와 트라우마로 해석하고 있다. 그는 통일 문제에 대해서 개신교 교회의 역할을 매우 강조하고 있으며, 정신적으로 지치고 힘든 남한 사람을 좋은 멘토나 교사가 돌보듯, 탈북민을 특별하게 바라보기보다는 남한 사람들처럼 편견 없이 접근해야 한다고 주장한다. 그의 저서 《사람의 통일, 땅의 통일》(연세대학교출판부, 2007), 《통일에 대한 기독교적 성찰》(새물결플러스, 2014) 참조.

21 이러한 관점에서 조요셉 목사는 탈북민을 북한 선교의 마중물로 지칭하고 있으며, 우리가 미처 몰랐던 탈북민 문화와 정체성을 반드시 이해해야 한다고 역설하고 있다. 조요셉, 《북한선교의 마중물 탈북자》, (두날개, 2013), p. 33.

22 2016년 11월 11일 국내에 들어온 탈북민이 3만 명을 넘어선 이후, 2017년 1월 기준 3만 208명으로 집계되었다(통일부 자료).

23 이에 반해 통일 교육과 올바른 탈북민들에 대한 관심은 현저히 낮아지고 있다. 이미경, "통일 교육 현황", 통일 교육 현황과 발전 방향, '통일교육원 간담회', 2011. 9. 15. 국회입법조사처.

제는 더 이상 시기를 늦추지 말고 고민해야 하는 중요한 이슈다.

　일반적으로 국내에 들어오는 탈북민은 중국이나 제3세계에서 선교사들을 통해 기본적인 교리와 세례 및 양육을 받고 들어온다. 그러나 국정원과 하나원의 의무 교육 및 적응 과정을 거쳐[24] 남한 교회 공동체에 들어오는 순간 그 교회에 참석하는 출석률은 현저하게 떨어진다는 통계가 있다.[25] 혹자는 남한에 온 3만 2천 명의 탈북민 가운데 교회에 제대로 정착한 인원을 1천 명 정도로 간주하기도 한다.[26]

　왜 이들은 교회에 정착하지 못하고 쉽게 떠나는 것일까? 이미 복음화 되어 온전한 그리스도인이 될 준비가 되었던 탈북민이 왜 남한에서는 교회에 깊이 뿌리 내리지 못하고 떠나는 것일까? 지금 우리 사회 탈북민 복음화의 문제점과 원인은 어디에 있는 것일까?[27]

24　실제로 3개월 정도의 짧은 기간 탈북민을 양육하는 통일부 하나원 하나교회의 양육 교재는 탁월하게 만들어져 있다. 그 내용은 '1부 하나님과의 관계, 2부 영적 성장의 길, 3부 제자의 삶'으로, 이 교재를 집필한 영락교회와 이승재 목사는 내용(contents), 상황(context), 소통(channel)을 중심으로 실제적인 남한 교회 정착을 돕기 위해 만들었다고 말한다.

25　《기독청년통일제자훈련 포유스쿨》; 통일소망 콘퍼런스 자료집, "교회 내 통일 선교하기" 참조.

26　선교적 입장에서 복음 전도 시 중생, 회심에 대한 신학적인 질문이 제기될 수도 있다. 적어도 이 논의에서는 탈북민들의 복음화란 예수를 영접하고 세례 받아 교회 내에서 신앙생활하며 정착하는 숫자를 의미한다. 사역자화 이전에 복음화를 의미한다.

27　장로회신학대학교 김도일 교수는 이러한 무관심과 회피 현상을 포스트모던 시대의 사회 현상으로 간주한다. 그는 다원주의 사회 속에 나타나는 무관심을 상황을 기피하고 부정하는 성경적인 죄로 규정하며, 사랑의 반대는 미움이 아니라 무관심이라고 설

▷ **2017년 기준, 하나원의 탈북민 사회 적응 교육 정규 프로그램**

교육 목표
정서 안정, 문화적 이질감 해소 및 사회·경제적 자립 동기부여

정서 안정 및 건강 증진
(51시간)

진로 지도 및 직업 탐색
(공통 103시간/특화 70시간)

- 심리 검사·상담
- 건강검진, 진료

- 적성검사, 진로 지도
- 진로 설계 프로그램
- 기초 직업 적응 훈련

12주
406시간

- 자유민주주의·시장 경제
- 역사·문화·생활법률 현장 체험

- 정착 지원 제도 안내
- 정착 의지 함양 교육

- Life-Plan 종합 안내
- 인생 전반 5대 분야 (재무, 가족, 취업, 학업, 건강) Life-Plan 설계

우리 사회의 이해 증진
(공통 97시간/특화 70시간)

초기 정착 지원
(58시간)

생애설계 프로그램
(27시간)

→ **자율 참여형 보충 프로그램(363시간)**
언어, 영어, 운전, 컴퓨터, 노래교실, 부모 교육, 가족 면회(주말) 등

• 출처: 2018 통일백서(통일부)

명하고 있다. 이에 대한 구체적인 증거로 통일의 당위성을 부정하는 한국 사회의 의식조사를 제시하고 있다. 2010년 8월, KBS 조사: 전국 성인 남녀 1,007명 대상 KBS 방송문화연구소, 엠비존 리서치 참고. 2010년 8월 선진화 재단 조사: 전국 성인 남녀 1,000명 대상, 메트릭스 리서치. 김도일,《조화로운 통일을 위한 기독교교육》(나눔사, 2013), pp. 20-23.

영혼의 쉼터로 생각한 교회 공동체에서 말과 행동이 다른 그리스도인과 교회의 모습을 보고 실망한 이들도 있을 것이고, 처음에는 따뜻하게 환대해 주었다가 남북한의 정치적 이해에 따라 달라지는 냉담한 시선에 상처를 받은 이들도 있을 것이다. 이런 일들이 일어나는 이유는 결국 한국 교회가 하나님의 뜻으로 이 땅에 찾아온 나그네 탈북민을 정확하게 이해하지 못한 데 있는 것은 아닐까?

이러한 질문은 탈북민 선교 방법론의 문제점들을 다시 한 번 점검하게 만든다. 즉, 과거 한국 교회가 그들을 지나치게 물질로 섬기려 하지는 않았는지, 친구가 되기보다는 먼저 가르치려 하지는 않았는지, 사회적 편견과 선입견을 가지고 그들에게 접근한 것은 아닌지, 진실한 사랑보다 형식적인 사랑으로 돌보진 않았는지를 말이다.

이는 '탈북민 복음화'[28]를 위해 매우 중요한 첫걸음이라고 생각한다. 하나님 나라에서 탈북민은 곧 통일 준비의 준거점이 되기 때문이다. 만약 한국 교회가 이들을 진정으로 양육해서 복음화시킬 수 있다면 통일은 쉽게 앞당겨질 수 있지만, 그렇게 하지 못한다면 통일의 기회는 요원해질 것이다.

---

[28] 복음화라고 할 때는 선교 신학적으로 다양한 해석이 필요하지만, 나는 여기서 중생을 체험하고, 그리스도와 교회 공동체 안에서 하나님 나라의 회복을 꿈꾸며 믿음 생활을 하고 있는 제자화 된 탈북민을 지칭하고자 한다.

하나공동체, 방향을 제시하다

한국 교회가 어떻게 탈북민을 복음화시킬 수 있는지, 탈북민 양육의 올바른 선례를 세우기 위해 어떤 방향으로 나아가야 하는지에 대한 공론화를 위해 나는 온누리교회 '하나공동체 사례'를 통해 한국 교회에 한 가지 모델을 제안해 보고자 한다. 하나공동체는 온누리교회 사회선교부 아래 소속으로, 한누리 본부를 중심으로 각 캠퍼스가 다양성과 통일성 있게 사역하고 있다.[29]

지금으로부터 약 15년 전, 온누리교회의 한 모임으로 시작한 '하나공동체'는 현재 400여 개의 탈북민 사역과 관련한 많은 북한 선교 사역자들을 배출해 냈다. 현재 온누리교회의 북한 사역은 그들의 이웃이 되기 위해 탈북민이 많이 거주하는 가양동에서 행해지는 사역과 양재의 하나공동체에서 행해지는 사역으로 나누어 예배를 드리고 있다. 또 온누리교회 각 캠퍼스 교회마다 탈북민 공동체가 자체적으로 운영되고 있다. 그러나 온누리교회 전체 탈북민 사역은 '한누리'라는 이름으로 통합되어 사회선교부 아래에서 지원을 받고 있다.

---

29 북한 이탈 주민의 남한 정착(학업, 취업 등)을 체계적으로 도우며, 남한 성도들과 함께 모여 통일을 준비하는 예배 공동체 사역으로서 하나공동체(양재), 한터공동체(가양), 한누리공동체(대전), 한사랑공동체(부천), 북사랑공동체(남양주) 등의 이름으로 각 캠퍼스마다 활발하게 모임이 이루어지고 있다. 자세한 사항은 미간행 〈온누리 사회 선교〉 책자를 참조.

하나공동체는 탈북민 복음화를 위해 다음과 같은 세 가지 전략을 가지고 있다. 첫 번째 전략은, 북한 선교의 비전 중심으로 이끌어 간다는 것인데, 이는 목회자가 바뀌더라도 동일한 양육 체계와 시스템에 의해 움직인다는 뜻이다. 두 번째 전략은, 탈북민들로 하여금 교회 안에서 하나님 나라의 공동체를 경험하게 하는 것이고, 세 번째 전략은, 남북한 공동체로서 팀 사역에 초점을 두는 것이다.

15년 전부터 현재까지, 하나공동체의 모든 사역 방법들은 이 세 가지 원리에 의해 움직여지고 있다. 오늘날 한국 교회에 있어 하나공동체의 양육 방법론이 절대적인 것은 아니지만, 하나의 모델로서 유의미한 대안이 될 수 있다고 생각하기에 부족하지만 목회 경험을 토대로 공유하고자 한다.

▷ **남한에 입국한 탈북민 현황** (출처: 2018 통일백서[통일부])

북한 이탈 주민 입국 현황

(단위: 명/%)

구분	'10	'11	'12	'13	'14	'15	'16	'17	합계
남	591	795	404	369	305	251	302	188	8,993
여	1,811	1,911	1,098	1,145	1,092	1,024	1,116	939	22,346
합계	2,402	2,706	1,502	1,514	1,397	1,275	1,418	1,127	31,339
여성 비율	75%	71%	73%	76%	78%	80%	79%	83%	71%

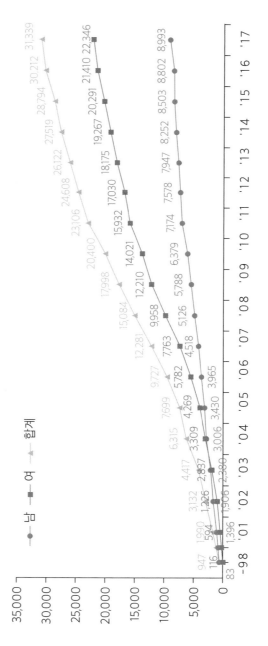

입국 인원 누계

남 · 여 · 합계

▷ **탈북민 현황(연령별, 학력별, 직업별, 출신 지역별)** (출처: 2018 통일백서[통일부])

입국 당시 연령

구분	0-9세	10-19세	20-29세	30-39세	40-49세	50-59세	60세 이상	계
남	636	1,607	2,481	2,068	1,321	515	329	8,957
여	626	1,969	6,383	6,925	4,045	1,217	940	22,105
합계	1,262	3,576	8,864	8,993	5,366	1,732	1,269	31,062
비율	4.1%	11.5%	28.5%	29.0%	17.2%	5.6%	4.1%	100%

* 최근 입국해서 보호시설에 있는 인원은 제외   * 2017. 12월 말 기준

직업별 입국자 현황

구분	관리직	군인	노동자	무직부양	봉사분야	예술체육	전문직	비대상(아동, 학생 등)	기타	계
남	398	662	3,918	3,148	75	78	207	469	2	8,957
여	126	110	8,055	11,413	1,212	191	477	520	1	22,105
합계	524	772	11,973	14,561	1,287	269	684	989	3	31,062
비율	1.7%	2.5%	38.5%	46.9%	4.1%	0.9%	2.2%	3.2%	0.0%	100%

* 최근 입국해서 보호시설에 있는 인원은 제외   * 2017. 12월 말 기준

학력별 입국자 현황

구분	취학전 아동	유치원	소학교 (인민 학교)	중학교 (초급, 고급)	전문대	대학 이상	무학 (북)	기타 (불상 등)	계
남	415	135	759	5,452	771	1,026	353	46	8,957
여	398	194	1,330	16,236	2,212	1,117	492	126	22,105
합계	813	329	2,089	21,688	2,983	2,143	845	172	31,062
비율	2.6%	1.1%	6.7%	69.8%	9.6%	6.9%	2.7%	0.6%	100%

* 최근 입국해서 보호시설에 있는 인원은 제외, 해당 학력별 재학·중퇴자는 포함 * 2017. 12월 말 기준

출신 지역별 입국자 현황

구분	강원	남포	양강	자강	평남	평북	평양	함남	함북	황남	황북	개성	기타 (불상 등)	계
남	218	66	1,304	66	439	360	403	758	4,772	265	173	44	89	8,957
여	372	78	3,452	146	607	463	314	1,973	14,138	185	264	30	83	22,105
합계	590	144	4,756	212	1,046	823	717	2,731	18,910	450	437	74	172	31,062
비율	1.9%	0.5%	15.3%	0.7%	3.4%	2.6%	2.3%	8.8%	61.0%	1.4%	1.4%	0.2%	0.5%	100%

* 최근 입국해서 보호시설에 있는 인원은 제외 * 2017. 12월 말 기준

겉과 속이 다른 '탈북민', 그들은 누구인가?

하나님의 부르심을 받고 해외에 나가 타문화 선교사가 되기 원하는 사람이 있다고 가정하자. 타문화에 간 선교사가 제일 먼저 해야 할 일은 무엇일까? 만약 그가 선교지의 언어, 문화, 사회, 정치, 사람에 대해 배우지 않고 선교를 시작한다면 백전백패할 확률이 높다. 선교사가 현지인들의 언어와 사상 및 문화를 배우지 않고 복음을 전한다는 것은 상상조차 할 수 없는 일이다.

이런 의미에서 남한 사회에 온 탈북민은 타문화권이라고 해도 과언이 아니다. 그렇기 때문에 남한 사람과 탈북민은 가치관과 문화적인 면에서 서로 다르다는 점을 이해할 필요가 있다. 왜냐하면 그들은 남한과 북한, 곧 이념과 경제적인 모든 면이 대척점을 이루는 이질적인 사회문화 속에서 평생 자라며 교육을 받아 왔기 때문이다. 오히려 탈북민에게는 중국 사회주의 문화에 대한 이질감이 더 적을지도 모른다.

그들은 어떤 사상 교육을 받아 왔기에 남한 사회와 이질적으로 느껴지는 것일까? 북한 교육의 목적은 공산주의적 혁명 인재의 양성에 있으며, 이는 투철한 계급의식을 가진 노동 계급을 의미한다. 사람들을 혁명화, 노동 계급화, 공산주의화한다는 것이 북한의 교육 목표인 것이다. 공산주의적 인간을 만든다는 북한의 교육 이념은 개인이 아닌 집단과 국가를 위해, 오직 당과 수령을 위해 헌신하

는 인간을 양성하는 과정인 것이다.[30]

그에 따라 북한의 소학교, 초급 중학교, 고급 중학교, 대학교의 교육 과정은 지도자에 대한 충성과 김일성 가계의 절대화라는 데 초점이 맞추어진다. 그리고 반미 교육과 반자본주의 문화를 배격하는 교육을 강조한다. 특히 남한 사람들이 가장 낯설어하는 부분이기도 한데, 북한 주민들이 김일성, 김정일, 김정은 3부자의 혁명사, 혁명 활동, 주체사상 학습 및 정치사상에 몰입해서 마치 우상화와 같은 교육을 받는 것은 바로 이러한 교육 이념 때문이다.[31]

이렇듯 철저한 사상 교육을 받은 그들이기에 남한에서 약 3개월간의 초기 사회 적응 훈련을 거쳤다 해도 이곳에 완벽히 적응할 수는 없을 것이다. 어쩌면 말과 글로만 배우다가 실전 현장에 나온 것이기에 더더욱 알 수 없는 두려움과 외로움을 느낄지도 모른다. 주체사상으로 학습된 머리와 남한의 현실에 적응해야 하는 몸의 갈등과 전투가 매시간 일어나고 있는 것이다. 더욱이 북한에 가족을 남겨 두고 왔다는 자책감과 자본에 굴복한 것 같은 자존감의 상실 등이 그들을 더욱 소외시키고 있다.

그러나 이들의 소외감과 갈망은 외면적인 데 있다기보다 내면, 곧 영적인 곳에 있다. 탈북민들을 만나 교제하다 보면 깊은 내면의

---

30   《기독청년통일제자훈련, 포유스쿨》 "북한 교육 및 공동체 이해", pp. 26-33.
31   Ibid.

상처 때문에 알면 알수록 더 모를 것 같은 느낌을 갖게 된다. 그들에게 더 깊이 접근할수록 알 수 없는 벽을 느끼게 된다. 결국 탈북민을 복음화시키려는 교회는 깊은 세계관의 차이를 느끼게 되는데, 기본적으로는 다음과 같은 것들이다.[32] 이러한 요소들은 타문화로서 북한 선교의 이해에 중요한 관점과 해석의 근거를 제공한다.[33]

1) 주체사상과 유물론

북한에서 오랫동안 주체사상과 유물론에 학습된 탈북민이 갑자기 교회 양육을 받았다고 해서 쉽게 변화될 수는 없다. 설령 겉은 변화되었다 하더라도 그 속은 북한 체제 속에서 신봉했던 다른 생각을 가지고 살아갈 수 있기 때문이다. 그들이 교회에 와서 머무는 이유는 신앙심 때문이라기보다 우선 눈앞에 닥친 현실적인 문제를 해결하기 위해서일지도 모른다. 여전히 속사람은 사회주의 사상과 유물론에 젖어 있기에 탈북민에게는 창조론과 성경적인 인간론을 지속적으로 강조해서 가르칠 필요가 있다.

---

32 이 내용들은 하나공동체 탈북민들의 개인 인터뷰와 상담을 통해 알게 된 진술들임을 미리 밝혀 둔다. 따라서 지역별로 계층, 학력 정도에 따라 다소 차이가 있을 수 있다.

33 한화룡, 《4대 신화를 알면 북한이 보인다》(IVP, 2000); 구교형, 《뜻으로 본 통일 한국》 (IVP, 2014) 참조.

2) 김일성 항일운동 신화

대부분의 탈북민은 북한에서 소위 '백두 혈통'이라 말하는 김일성의 항일독립투쟁에 대해 학습하며 오랫동안 그를 신처럼 우상화해 왔다. 어린 나이의 성장 과정에서 오랫동안 이뤄진 학습이기에 조국을 떠나 배신했다는 죄책감이 그들의 무의식 속에 여전히 남아 있다. 물론 어떤 탈북민은 김일성 부자의 허구성을 알게 되면서 자신들이 기만당해 왔다는 것을 깨달아 더욱 분노하기도 한다. 이렇듯 남한에 들어온 같은 탈북민이라도 그들이 얼마나 세뇌되었느냐에 따라 여러 부류의 사람들이 서로 공존하고 있다.

3) 신분 계급과 어버이 수령 동지

북한 사회는 철저히 신분 계급으로 나누어져 있다. 조선의 유교적 문화가 깊이 남아 있는 가운데 사회주의 혁명으로 권력을 갖게 되어, 북한의 주민들은 김일성 어버이 수령 동지가 북한 주민들에게 양식을 배급해 주는 것으로 알고 있다. 그러나 1990년대 고난의 행군 시기를 거치면서 이 가부장적 권위와 우상의 신격화가 뿌리째 흔들리고 있으며, 최근에는 장마당 등을 통해 시장 경제로 과도기적 변화를 경험하고 있다.[34] 하지만 여전히 탈북민은 개인적인 생

---

34   장마당에 대한 자세한 내용은 "북한의 시장경제와 장마당"(온누리교회 통일위원회 세미나 자료) 참조.

활보다 집단생활에 익숙해져 있다.

4) 남침의 곡해[35]

어떤 탈북민은 왜곡된 역사관을 극복하지 못해, 한국전쟁이 남한
의 북침이라고 주장하기도 한다. 북한에서 교육을 그렇게 받아 왔
기 때문이다. 그런 그들이 남한 사회 속에서 살아가자니 역사적인
지식과 생활의 현실에 계속 충돌이 일어나게 되고 의식의 혼란이
생긴다. 어떤 이들은 지금도 반미의식과 반제국주의 사고방식에
사로잡혀 남한을 혁명의 대상으로 인식하기도 한다.

이러한 그들에게 역사적 사실을 올바로 알려 주는 일은 매우 중
요하다. 하지만 남한의 그리스도인들은 탈북민과의 불필요한 정치
논쟁을 삼가는 것이 좋다. 때로 이러한 예민한 논쟁으로 관계가 깨
어지는 경우도 많이 일어나기 때문이다. 북한 사람들의 역사 인식
이 남한 사람과 다를 수밖에 없음을 인정하며 차츰 극복해 나갈 수
있도록 도와주는 것이 좋다.

5) 인권 유린과 수용소 트라우마[36]

언젠가 탈북민 지체들과 함께 소극장에서 〈Until the day〉(그날까지)

---

35   구교형, 《뜻으로 본 통일 한국》(IVP, 2014), pp. 33-81.

36   이에 대해서는 다음의 책을 참조하라. 강철환, 《수용소의 노래》(시대정신, 2005); 안명철,
      《완전통제구역》(시대정신, 2010); 김성욱, 《북한을 선점하라》(세이지, 2011), pp. 17-60.

라는 뮤지컬을 본 적이 있다. 그들과 함께 북한과 관련된 영화나 뮤지컬[37]을 보면 그들 과거의 아픔이 생각나지만, 탈북민의 영적 정체성과 사명을 다시 한 번 고쳐시킬 수 있다는 장점이 있다. 북한 사람과 탈북민들은 공포 정치와 정치범 수용소를 통해 인권 유린을 경험해 왔다. 북한의 체제 속에서 오랫동안 억압과 통제로 살아온 탈북민은 트라우마가 있고 감정이 불안정하다. 이들은 모두 탈북을 시도할 때 이미 죽음의 문턱을 한 번씩 넘어 보았기 때문이다. 사랑받아야 할 시기에 오히려 가족과 생이별을 경험했다. 또 일부는 비인간적인 삶과 정치 사상적인 인권 유린 속에 생사를 오가는 투쟁적 삶을 살았다. 그렇기 때문에 남한 사회에 와서 갑자기 누리게 된 자유와 해방이 부담스럽기까지 한 것이다.

위의 내용을 종합해 볼 때, 탈북민의 복음화와 양육 과정에서 하나님을 경험하기 힘든 가장 큰 이유는 오랜 시간 그들의 사고방식에 주입된 잘못된 인간론과 역사의식 때문임을 알 수 있다. 이로 인해 하나님과의 올바른 관계성을 상실하고, 인간과 사회적인 관계성도 파괴되어 트라우마가 강하게 남았으며, 자기 자신이 누구인가에 대한 올바른 정체성의 회복마저 시급한 상태다.

---

37 이와 관련된 뮤지컬과 영화를 소개하자면 다음과 같다. 〈요덕 스토리〉, 〈48미터〉, 〈크로싱〉, 〈신이 보낸 사람〉, 〈투먼〉 등.

처음 남한에 와서는 먹고사는 문제 때문에 자신이 누구이며 왜 여기 있는지 제대로 인식조차 못하다가, 시간이 흐를수록 심각한 정체성의 혼란을 겪는 것이다. 마치 사춘기 청소년과도 같은 경험 말이다. 탈북민 사역자들은 이러한 상황을 그 누구보다 민감하게 인식해야 한다. 이러한 한계점에 대해 인식하고 교회가 복음으로 치유하거나 회복시켜 주지 못하면 끊임없는 내적 갈등을 경험하기 때문이다.

　먼저 탈북민은 따뜻하고 안전한 사람들과 공간을 필요로 한다.[38] 이들은 북한에서 성경적이지 못한 인간론과 비인간화, 신격화로 의식을 강압적으로 배워 왔기 때문에 이는 양육 훈련의 큰 장애 요소가 된다. 남한 사람들이 교회에서 탈북민을 섬기면 섬길수록 어렵고 지치는 까닭이 바로 여기에 있다. 그래서 어렵게 한 발 들여놓은 탈북민 사역이 사역을 하면 할수록 구제와 긍휼 사역 수준에 머무르게 된다. 당장의 필요를 채워 주는 정도로 만족하는 것이다.

　사실 탈북민은 북한, 제3세계 등을 거쳐 온, 누구보다 본능적인 생존 방법을 잘 알고 있는 사람들이다. 오히려 탈북민 사역자들이 간과하기 쉬운 요소는 의식주의 편의를 제공하느라 탈북민들의 영적인 갈급함을 놓치기 쉽다는 사실이다. 따라서 탈북민 양육에 앞

38　이런 의미에서 내적 치유, 회복 사역, 가정 사역, 건강한 영성 프로그램, 정체성의 회복 사역 등이 북한 사역에는 필수적이라고 생각한다.

서, 이러한 인본주의적 세계관의 오류들을 정정해서 올바른 가치 관으로 바로잡아 주고 복음화시킬 필요가 있다. 그렇지 않으면 탈 북민 양육은 악순환만 반복될 뿐이다. 다 된 것 같아도 제자리걸음 으로 매번 동일한 문제에 봉착하게 되고, 그러다 보면 지쳐서 사역 의 역동성이 떨어지게 된다.

처음 단계에서는 구제와 긍휼 사역이 필요하지만, 긴 안목에서 는 영적인 접근법이 필요하고 훨씬 중요하다. 결국 가장 중요한 프 레임은 탈북민에 대한 관점이 제대로 정립되어야 한다는 것을 시 사한다. 이는 방향성과 관련된 핵심 요소로서, 이 기초적인 작업이 선행되지 못하면 다음 사역을 진행하는 데 있어 여러 가지 함정들 에 빠지게 된다.[39]

탈북민 사역과 북한 선교의 여러 유형들

그렇다면 과거 한국 교회는 이들을 어떻게 접근해서 양육시켜 왔 는가? 이 질문은 통일과 북한 선교에 관심을 가지고 탈북민 사역을

---

39 흑인들을 하나님의 형상으로 인식한 것은 '그들은 누구인가?'라는 질문에 관한 신학적 해석과 근거 때문이었다. 바울도 갈라디아서 3장 28절에서 로마 제국과 1세기 초대교 회의 상황에서 정체성의 문제를 논하고 있다. 남자와 여자, 자유인과 종, 남녀노소 모 두가 바울의 공동체에서는 하나였다.

처음 시작하려는 교회들에게 중요한 교훈을 제공해 준다.

기독교통일지도자훈련센터를 섬기는 하충엽 교수는 '교회 유형으로 본 통일 선교 목회 더 발전하기'에서 한국 교회의 탈북민 사역 유형에 대해 여러 교회의 사례를 소개한 적이 있다.[40]

적대적 냉전 시대에는 간헐적으로 들어오던 탈북민들이 고난의 행군 시기 즈음에는 대거 남한 사회로 들어오게 되었다. 1995-2000년대에 북한의 인권 문제가 국제적인 문제로 제기되면서 한국 정부와 교회들은 대량으로 유입된 탈북민을 어떻게 바라보아야 하는지 관심을 가지게 되었다.

과거 남북한의 정치 관계를 떠나 탈북민을 지속적, 연속적으로 섬겨 온 교회들이 있다. 일관성을 가지고 섬겨 온 것이다. 그러나 이렇게 섬겨 온 교회들도 내부적으로 어려움과 갈등이 전혀 없었던 것은 아니다. 이들의 사역 속에서 유익한 사례들과 단점인 사례들이 무엇인지 살펴보자.[41]

갑자기 대거 유입된 탈북민들을 지원하기 위해 한국 정부는 '탈

---

40 〈목회와 신학〉, "통일의 가교, 한국 교회"(2014. 6), pp. 46-92. 특히 66-74쪽의 영락교회, 남서울은혜교회, 사랑의교회 사례를 보라.

41 주도홍은 그의 책에서 지난 한국 교회의 북한 선교 모델들을 평가하고, 변화하는 시대에 그들의 정신을 계승해서 발전시켜 나갈 필요가 있음을 강조한다. 대표적인 예를 들면, 남북 나눔 운동과 영락교회, 소망교회, 남서울교회, 남서울은혜교회, 온누리교회, 사랑의교회, 선한목자교회, 수영로교회, 황금종교회, 물댄동산교회, 열방샘교회 등 새로운 패러다임의 통일 선교 모델 유형의 교회들이 있다.

북민 지원센터'를 통해 정착 생활을 도왔다. 이에 남한의 교회들도 정부와 함께 북한 선교와 통일 시대를 준비하자는 기치를 내걸고 교회마다 많은 중보기도 운동들이 일어나게 되었다.

하지만 마음만 앞서는 바람에 사역을 진행하기에 급급했다. 사역 이전에 탈북민을 제대로 이해하려 하지 못했으며, 복음으로 어떻게 양육해야 하는지 사역의 방향성을 잡지 못했다. 그러다 보니 교회 안에 들어온 탈북민을 섬기는 사역이 여러 유형으로 나타났는데, 이는 크게 세 가지로 나눌 수 있다.

1) 남한 교회 중심의 공동체

탈북민이 남한 교회에 수동적으로 참여하는 형식이다. 이러한 방식은 남한 교회가 '북한 선교'라는 이름으로 탈북민을 쉽게 모으고 양육할 수 있다는 장점이 있다. 또한 재정적인 지원을 바탕으로 다양한 사역을 추진할 수 있다는 장점이 있다. 하지만 시간이 흐를수록 탈북민과의 소통의 문제가 발생하기 쉽다. 탈북민들을 깊이 이해하지 못하고, 그들의 정서가 아닌 남한의 정서에 기준을 맞춘 양육과 사역 시스템으로 선교적 한계성이 많다는 비판 또한 지적된다. 북한 사람인 탈북민이 정작 북한 선교의 주체가 되지 못했기 때문이다. 뿐만 아니라 남북한 사역의 주도권 갈등이 생기고, 문화적 차이로 인한 관계의 골이 깊어지는 경우도 많다. 그럼에도 불구하고 탈북민 사역에 있어 한국의 많은 교회들이 오랫동안 이러한 모델을 답습해 왔다. 왜냐하면 누구나 쉽게 시작할 수 있기 때문이다. 하지만 이러한 유형의 사역은 오래가지 못해, 결국 북한 사역에 대한 그릇된 인식과 심지어 북한 선교를 포기하는 지경에까지 이르게 된다.

2) 탈북민 중심의 공동체

위에서 언급한 남한 교회 중심의 공동체를 과감히 탈피해, 문화와 정서적 동질감을 가진 탈북민 목회자가 중심이 되어 직접 양육하고 사역하는 공동체 모델이다. 이것은 남한 교회 중심의 모델보다 공감 역량이 탁월하고 서로 이해하기 쉽다는 장점이 있다. 그러나 재정적인 안정감이 없고, 목회 훈련과 신학적인 내용에 한계가 있다는 단점이 있다. 또한 체계적인 양육 프로그램이 부족한 것도 사실이다. 남한 교회로부터 독립한 탈북민 공동체로 시작했지만, 시간이 지나며 탈북민끼리 내부적인 분열과 갈등이 생길 수 있다는 것은 한계점이다. 하지만 탈북민이 신학교에 들어가 졸업을 하면서 점차 독립적이고 창의적인 예배들이 많이 생겨나고 있는 것은 고무적인 일이다.

3) 남북한 연합의 공동체

이 모델은 남한 사람들과 탈북민이 함께 연합해 동역하는 연합 공동체를 의미한다. 남한과 북한 사람들이 연합되었기 때문에 늘 갈등과 긴장 요소가 있다. 그러나 그 갈등을 통일 과정에 대한 연습으로 받아들여 서로를 품고 책임지며 이해/소통/수용하는 공동체 안에서 창조적으로 발전시킨다면 하나님 나라에 대한 경험을 극대화할 수 있다는 장점이 있다.

그러나 여기에는 오랜 인내와 기다림이 필요하다. 왜냐하면 다양성 가운데 통일성을 목표로 하기 때문이다. 이러한 모델은 겉으로 보기에는 당장 눈에 띄는 두드러진 성과도 없고, 오랜 학습 과정도 필요하고, 문화 차이도 극복해야 한다. 또 남한의 북한 전문가와 많은 훈련된 평신도 사역자들이 필요하다는 제약점도 있다. 하나공동체가 그러하다. 하지만 시간이 지날수록 안정감이 커지면서 역동적인 사역을 펼쳐 나갈 수 있는 기반이 마련될 수 있다는 장점이 있다. 무엇보다 남북한이 통일 연습을 할 수 있는 서로의 공동체이자 공간이 되며, 다각적인 면에서 통일을 미리 체험할 수 있다는 특징을 갖고 있다.

최근의 탈북민 사역들은 위에서 열거한 북한 선교 모형들의 장단점 모두를 통합하고 있는 실정이다. 서로 네트워크를 형성하고, 혼자가 아닌 함께 탈북민 복음화와 사역자화를 위해 균형을 잡고 동역을 추진하는 것은 매우 고무적이다.

나는 탈북민 복음화와 양육을 위해 가장 바람직한 모델이 하나공동체와 같은 남북한 연합 공동체라고 생각한다. 그러나 그것은 성숙한 공동체가 되었을 때 가능한 일이다. 그래서 북한 사역을 잘 하려면 무엇보다 탈북민을 섬기려는 남한 성도들의 수준이 성숙하고 높아야 한다. 감사한 것은, 하나공동체 성도들의 성숙한 섬김을 통해 은혜 받는 탈북민이 많다는 것이다. 북한 사역은 사명이 없으면 섬기기 어려운데, 남한 성도들이 특별한 부르심을 가지고 하나공동체에서 섬기고 있다.

이들은 왜 북한 선교에 헌신하게 된 것일까? 모두가 그런 것은 아니지만, 북한 선교에 뜻을 두고 탈북민 지체들을 섬기는 사람들은 대개 부모님들의 고향이 북한이거나 친인척들이 실향민인 경우가 많다. 가족사를 통해 직간접적으로 북한을 듣고 배운 사람들인 것이다. 이런 사람들이 하나공동체에 나와 탈북민들의 아픔을 위로하는 친구가 되어 주니 성숙한 섬김이 가능한 것이다.

하나공동체의 한 권사님은 늘 이런 말을 했다. "목사님, 저도 사실은 탈북민입니다. 왜냐하면 아주 어렸을 때 평양에서 살았는데, 한국전쟁으로 남한에 피난 오게 되었기 때문이죠. 아직도 어릴 적 평양에서 놀던 생각이 나요." 이산가족들을 생각하면 그분의 말은 타당하다. 아버지, 어머니, 혹은 먼 친인척, 시아버지, 시어머니까지 올라가면 한국의 이산가족은 무려 천만 명 가까이 되기 때문이다.

반대의 경우도 있다. 부모님의 고향도 아니고, 자신의 친인척들도 북한과 전혀 관련이 없는 젊은 대학생이나 청년, 성인들이 탈북민을 섬기러 오는 경우다. 이들은 온누리교회에서 주최하는 북한 선교학교를 수강해서 졸업한 사람이거나, 다른 교회에서 북한에 대한 비전을 품고 오는 사람들이 대부분이다.

이를 통해 알 수 있는 것은, 남한 교회와 그리스도인들에게 '올바른 통일 교육'이 매우 중요하고 시급하다는 사실이다. 결국 바람직한 통일 준비는 통일 교육에서 비롯된다는 것을 보여 준다. 이 점에서 모든 한국 교회는 예외가 될 수 없다.

그렇다면 지역 교회나 공동체, 개인의 삶에서 북한 사역, 북한 선교를 처음으로 시작하려면 무엇을 해야 할까? 구체적, 실천적 방법론을 말하기에 앞서 독특한 북한 사역의 특수성을 이해할 필요가 있다.

탈북민 구원, 무엇이 문제인가[42]

"나의 형제 곧 골육의 친척을 위하여 내 자신이 저주를 받아 그리스도에게서 끊어질지라도 원하는 바로라"(롬 9:3).

---

[42] 실제로 탈북민이 교회에 나와 양육을 받는 데 발생하는 현실적인 방해 요소들이 있다. 그러나 이 글에서는 정신적인 것과 근본적인 원인을 진단해 보려 했다. 현실적인 방해 요소는 다음과 같은 것들이다. 1. 거주지가 멀고, 생업상 거주지가 안정적이지 않음 2. 직장의 불안정성으로 인한 생업의 어려움 3. 극도의 외로움과 내면의 상처로 인한 대인기피증(전우택) 4. 언어와 이질적 문화 차이 5. 자본주의 사회의 물질화 6. 적극적으로 이끌어 주는 사람이 없음 7. 영적인 친구가 없음 8. 교회에 대한 상처

하나원에서 교회를 다녀도 구원의 확신을 가지고 참된 제자가 되기 어렵다는 이야기가 있다. 선교사님과 함께 있을 때나 제3세계에서는 복음에 대한 간절함이 컸던 사람들이 왜 남한에 입국해서는 교회 다니는 비율이 급격히 떨어지게 되는 것일까? 그것은 가르침과 양육에 있어 탈북민의 문화를 고려하지 않고 주입식으로 양육했기 때문이다.[43] 이 장에서는 하나공동체와 탈북민 사역을 하면서 얻게 된 실천적 경험과 사역의 노하우를 공유하고자 한다.

북한 사람에게 구원의 확신이 어려운 이유

앞에서 살펴본 것처럼, 북한 사람들은 어려서부터 학습된 주체사상과 물질주의적 유물론 사고를 가지고 있다. 그러다 보니 복음을 처음 접하거나 처음 교회에 오는 북한 사람들은 기독교의 구원을 제대로 이해하지 못하는 경우가 많다. 그렇기에 남한에 와서 교회에 정착하려는 그들에게 올바른 구원의 의미와 성경적인 구원론을 잘 풀이해서 설명할 필요가 있다.

한때 유명했던 오노다 히로 소위를 아는가? 제2차 세계대전이 끝나면서 일본은 패망했다. 그래서 그들은 점령했던 모든 지역에서 퇴각하고 철수했다. 그러나 전쟁이 완전히 끝났음에도 무려

---

[43] 남서울은혜교회에서 진행된 제3차 새터민 전문사역자 교육, 전우택, "탈북자들과 함께하는 성경 공부, 어떻게 할 것인가?"(한반도 평화연구원, 2008. 12. 13), pp. 5-30.

29년 동안 필리핀 루방 섬에 숨어서 끝까지 전쟁 중이라고 착각하며 살았던 사람이 있다. 그가 바로 '오노다 히로' 소위다. 그는 발견될 당시 놀랍게도 제2차 세계대전 당시의 일본군 군복을 그대로 입고 있었다고 한다. 아무리 항복하고 투항하라고 해도 그는 그 사실을 받아들일 수 없었다. 오히려 그것을 적군의 회유라고 믿었던 것이다. 자유가 주어졌는데도 누리지 못하며 살고 있는 모습이 마치 오늘날 그리스도인과 탈북민의 모습처럼 느껴진다.

성경은 우리가 믿음으로 받은 구원을 어떻게 말하고 있는가? 복음은 우리의 상태를 죄의 심각성과 구원의 필요성으로 설명하고 있다. 즉 로마서 1장 18절 이하에서 바울은 우리를 안전한 상태가 아니라 아주 위태로운 상황에 빠져 있는 것으로 묘사한다. 그것은 마치 한 위대한 조각가가 불에 타고 있는 나무를 발견해 그것을 건져 내고 있는 상황이다. 불속에서 바로 꺼내어진 거의 다 타 버린 비참한 검은 숯이 우리의 구원받은 상태라 말할 수 있다. 그러나 그렇게 불에 타다가 건져진 그 모습 그대로를 하나님은 쓰실 수 없다. 따라서 하나님은 사람마다 다듬어서 위대한 작품으로 사용할 계획을 가지고 계신 것이다.

그런데 대다수 탈북민에게는 복음을 믿을 때 생기는 두 가지 의심이 있다. 첫째는 용서다. '우리를 힘들게 했던 심각한 죄의 문제가 예수를 믿으면 다 용서받고 없어진다고 하는데 너무 쉽게 용서받는 것 아닌가? 정말 예수를 믿으면 북한에서 지은 죄가 모두 사라지는가?' 둘째는 의심이다. '예수를 믿는데도 왜 계속 신앙의 의심이 생기는가? 지금 받은 구원이 미래에도 유지될 수 있을까?' 구원받은 과정에 대한 이해는 쉽다. 하지만 하나님의 은혜를 이해하기 힘들기 때문에 사람들은 다시 고민에 빠진다.

로마서에서 답을 찾다

로마서 6장 1-11절을 보면 로마교회 안에도 그런 사람들이 있었던 것 같다. 바울이 복음을 전할 당시 초대교회에는 '죄가 많을수록 은혜가 넘치니, 은혜가 더 넘치게 하기 위해 더 많은 죄를 짓자'는 사람들이 있었던 것 같다. 또 이단들처럼 '한 번 받은 구원은 영원하기에 예수 믿은 후 아무런 죄나 지어도 괜찮다'는 말들이 퍼진 것 같다. 오늘날로 보자면 탈북민들에게 장학금을 주며 미혹하는 신천지나 구원파 등에서 가르치는 구원론과 흡사하다.

　로마서를 통해 사도 바울이 전한 바에 따르면, 이 두 가지 모두 구원에 대한 잘못된 생각이다. 이렇듯 오해하기 쉬운 구원의 교리를 쉽게 풀어서 설명하고 있는 것이 로마서 5장과 6장이다. 로마서 5장이 구원의 견고함을 은혜의 통치로 설명했다면, 6장은 그리스도인의 참된 구원에 대해 구체적으로 설명하고 있다. 이해하기 힘든 믿음의 사건을 바울은 그리스도와의 연합으로 설명하고 있는 것이다. 구원받은 성도라면 구원 이후의 삶도 그리스도 안에 머무르며 계속해서 연합해야 한다는 것이다. 그러면 우리의 모습은 연약하더라도 확실한 구원을 얻게 된다고 설명한다. 따라서 연합은 그리스도 안에 있는 것이며, 이것은 곧 믿음 생활을 의미한다.

로마서 6장은 구원받은 성도들이 어떻게 살아야 하는지를 세 가지로 설명한다. 이것은 구원받은 탈북민의 고뇌와 신앙의 의심에 대한 답을 보여 주기에 중요한 말씀이 된다. 탈북민이 의심하지 말고 바로 알아야 할 복음의 내용은 구체적으로 무엇인가?

첫째, 구원받은 사람이 다시 죄를 지을 수 있는가? 먼저, 1-2절을 보면 '결코 그럴 수 없다'고 바울은 단호하게 대답한다. 구원받은 성도는 죄에 대해 죽었기 때문이다. 하나님의 은혜는 우리를 그리스도 안에 지속적으로 머물게 하기 때문이다.

김남준 목사는 이 부분을 다음과 같이 설명한다. 그는 《죄와 은혜의 지배》(생명의말씀사, 2017)라는 책에서 죄를 절대적인 죄와 상대적인 죄로 구분하고 있다. 즉 본질적이고 하나님과 원수 된 적대적인 죄는 이미 예수의 십자가로 완전히 처리되고 용서되었다. 그것은 이미 끝난 문제다. 예수 그리스도가 단번에 죽음으로 인해 과거, 현재, 미래의 죄가 다 사라졌다. 그러나 현실은 어떤가? 우리에게는 여전히 과거의 죄의 습관, 죄의 영향력이 남아 있다. 하지만 엄밀히 말하자면 죄의 후유증이지 죄에 빠져 있는 것은 아니다. 이는 상대적인 죄를 의미한다. 이것은 나를 근본적으로 주장할 수 없다. 즉 요한일서에 나오는 것처럼, 구원받고 예수를 믿는 자들이 죄를 즐거워하며 죄의 자리에 계속 머무를 수는 없는 것이다.

예전에 북한의 정치범 수용소에서 탈출해 남한에 온 사람의 간증을 들은 적이 있다. 그 악몽 같은 현실을 경험한 사람은 그것이 너무 고통스러워 남한에 와서도 계속 가위에 눌리는 꿈을 꾼다고 들었다. 하지만 생각해 보라. 악몽을 꾼다고 그 사람이 현실에서 북한에 있는 것은 아니다. 그 사람은 실제로 자유로우며 남한에 있는 것이다. 우리가 받은 구원이 이렇다. 우리는 현실에서 이러한 칭의와 성화의 차이로 존재한다.

이런 의미에서 바울은 한 번 구원받은 사람은 절대로 다시 타락해 세상으로 갈 수 없고, 하나님과 원수의 관계로 돌아갈 수 없다고 강조한다. 비록 죄의 습관과 죄책감이 우리를 괴롭게 하지만, 이것이 불신앙은 아닌 것이다. 오히려 하나님을 더 사랑하고 의지하게 만든다고 역설한다.

둘째, 예수를 믿으면 무슨 일이 일어나는가? 3-4절을 보면 예수를 믿는 순간은 매우 영적인 사건임을 알 수 있다. 이것은 매우 신비로운 사건이다. 죄에 대해서 죽고 의에 대해서 살아나는 영적인 연합이기 때문이다.

하나님이 주신 구원은 사람의 감정과 기분이 아니라, 실제적이고 약속된 사건이다. 완전한 속죄를 이루신 하나님의 용서를 인격적으로 동의하며 믿는 것이다. 따라서 사람의 기분에 따라 변할 수 없다. 우리가 아무리 연약하고 죄 가운데 있다 할지라도 하나님의 사랑은 불변하고 영원하다. 십자가의 사랑은 완전한 사랑이며, 단번에 완성하신 사건이기 때문이다.

그래서 우리가 받은 구원은 결코 흔들릴 수 없다. 우리가 느끼는 감정과 생각과 상관이 없다. 그러므로 신앙생활하면서 연약할 때에도, 흔들릴 때에도 우리는 하나님의 구원을 믿어야 한다. 우리가 하나님의 사랑과 은혜를 받아들이지 못하는 것은 살아오면서 불완전한 사랑을 이 세상에서 많이 경험했기 때문이다. 다른 말로 하면, 한 번도 제대로 된 사랑을 받아 보지 못했기 때문인 것이다.

예를 들어, 북한 성도들의 경우 하나님의 성품을 육신의 아버지의 성품으로 잘못 이해하진 않았는가? 부모가 나를 버리고 고난의 행군 때 떠나진 않았는가? 남한 성도들의 경우 부모가 나를 성적이 좋다거나 부모의 말을 잘 들을 때만 사랑하진 않았는가? 조건적인 어떤 이유 때문에 나를 좋아하진 않았는가? 그러나 상황이 변하면 분노하며 무섭게 대하진 않았는가? 이 세상에서 우리는 우리가 경험한 사랑을 지고의 사랑이라고 착각할 때가 있다. 그래서 하나님을 믿고도 하나님의 위대한 사랑을 인간 수준의 사랑으로 동일시하는 것이다. 그러나 성경은 우리의 구원이 그와 같지 않다고 단호히 말씀한다. 하나님의 사랑은 거룩한 사랑이요, 진리 안의 사랑이다. 그리고 변함없는 헤세드의 사랑이다. 그것은 다함이 없고 끝이 없는 사랑인 것이다.

우리가 예수를 믿는다고 할 때 그것은 십자가에 달리신 주님과 신비한 연합을 경험하는 것이다. '연합'이라는 것은 내가 현재 어디에 속해 있는가를 의미한다. '함께'라는 의미를 내포하고 있다. 이것은 구체적으로 무엇을 의미하는가? 예를 들어, 어떤 사람이 헌금을 봉투에 넣어 성경 안에 두었는데 어느 날 성경책을 잃어버렸다고 상상해 보자. 그런데 교회에 다녀오더니 다시 찾았다고 기뻐한다. 그는 성경책도 찾았지만 그 속에 있던 헌금도 되찾았기에 더욱 기뻐하게 된다. 성경책을 잃어버리면 헌금도 잃어버리는 것이지만, 성경책을 찾을 땐 헌금도 다시 찾는 것이다. 이처럼 성경에서의 '함께'라는 뜻은 바로 이 같은 신비한 연합을 의미하는 것이다.

그리스도가 죽을 때 우리도 함께 죽었고, 그리스도가 부활하고 다시 사셨을 때 우리의 영혼도 다시 살아나게 되었다. 이것이 연합되고 함께한다는 의미다. 구원 이후 우리는 성령 안에서 교제를 통해 이러한 신비한 체험을 계속하는 것이다. 한 번 받은 구원으로 우리의 몸이 완전해지는 것은 아니다. 우리는 점진적으로 변해 간다. 결혼식을 했다고 우리의 결혼 생활이 완전한 것은 아니며, 운전면허를 땄다고 해서 안전한 운전 실력을 보장해 주지는 못하는 것처럼, 우리는 영적 사귐과 훈련, 경건 연습을 통해 거듭난다. 한마디로 즉각적인 칭의로서의 구원이 있고, 점진적인 성화로서의 구원이 남아 있는 것이다. 지금 우리는 믿음 안에서 성화로 거룩해지고 있다.

셋째, 삶에 일어난 생명의 변화가 있는가? 바울이 6-7절에서 로마 성도들을 향해 말하는 '옛 사람', '죄의 몸이 죽어'라는 말은 무슨 뜻일까? 예수를 믿고, 우리가 죽고, 하나님의 새로운 능력이 공급되어졌다는 것이다. 원죄에 대해 죽고 의에 대해 다시 살아난 사건을 의미한다.

그런데 사탄과 죄의 세력이 죽었다면 왜 아직 유혹과 시험이 내안에 계속되는가? 탈북민들이 교회에 와서 제일 혼란스러워하는 부분이다. 바울에 따르면, 우리가 지금은 첫 번째 아담의 몸을 입고 있기 때문이다. 종말론적으로 두 번째 아담의 몸을 입을 때(장차 구원의 완성)까지 우리는 훈련하며 살아야 한다. 따라서 십자가를 통한 구원의 사건은 Decision-Day(결정의 날), Victory-Day(승리의 날)라고 할 수 있다.

결정의 날과 승리의 날은 다르다. 예를 들어, 전교에서 1등 하던 아이가 수능 시험을 본다고 치자. 아마도 시험 보는 날은 그에게 약속된 날일 것이다. 하지만 아직 합격증은 받지 못했다. 그러나 수능 보는 날이 결국 최종 합격자 발표 날이나 다름없는 것이다. 우리의 구원도 마찬가지다. 따라서 우리가 믿음으로 받은 구원을 사실로 간주하고 받아들이라는 것이다.

탈북민의 구원받은 사건은 '겉 사람'에 대한 죄의 세력은 죽고, '속사람'의 새 생명이 태어나게 된 것이다. 그리스도인이 구원을 받는 것은 비현실적인 것이 아니다. 마치 생명이 들어와 임신한 것과 같다. 여자의 몸이 임신하면 변화가 일어난다. 서서히, 하지만 분명히 우리의 삶은 생명으로 변화가 일어날 것이다. 믿음으로 구원을 받은 탈북민을 비롯한 나는 여전히 죄에 넘어지고, 옛 습관이 있고, 유혹과 시련에 직면하지만, 계속해서 죄에 머물지는 않는다.

교회 생활하면서 갈등을 느끼는 이유가 무엇인가? 예수 믿는데도 세상에서 왜 여전히 방황하는가? 바울의 설명에 따르면, 예수를 믿고 난 후에도 상대적인 죄가 남아 있기 때문이다. 이것은 하나님이 탈북민을 버리셔서 그들이 죄의 삶으로 돌아간 것이 아니라, 하나님의 은혜가 가슴과 손발로 내려가지 않았기 때문이다. 그것을 교회 안에서 양육의 복음화를 통해 훈련시켜 나가면 될 것이다.

은혜 안에서 진정한 자유를 누리려면…

이 세상에는 두 종류의 노예 상태가 있다. 탈북민들은 남한에 와서 자유를 누리지만 결국 두 부류로 살아간다. 탈북민들에게 구원을 이해시키기 위해 미국의 남북전쟁 예화를 들어 자주 가르치던 내용이 있다.

남북전쟁(1861-1865)에서 미국 링컨 대통령은 인류 역사에 길이 남을 만한 위대한 인물이 되었다. 당시 전 세계는 눈이 어두워 흑인 노예의 당위성을 강조하던 때였기 때문이다. 심지어 교회와 믿는 사람들도 흑인의 인권을 바르게 분별할 수 없었던 때였다. 흑인을 사람으로 취급하지 않던 때에, 노예에 대한 악습과 인권 유린이 계속될 때에 링컨은 남북전쟁을 통해 흑인 노예를 완전히 해방시켰다. 미국은 전쟁이 없던 나라였지만, 유일하게 흑인 노예 해방을 위해 피를 흘려야만 했다. 값비싼 대가를 치르고 마침내 미국 내에 있는 흑인들에게 자유를 주었다. 그 전쟁에서 승리했을 때 미국 의회는 미국법을 제정해 미합중국에서 노예 제도를 완전히 폐지시켰다. 정식으로 평등과 인권을 보장한 나라가 된 것이다. 미국의 이러한 노력은 점차 전 세계로 퍼져 나가 흑인의 인권을 보장하는 데 큰 역할을 했다.

그러나 이면의 역사를 보자. 노예 해방 선언에 따라 자유를 얻은 어떤 노예들은 주어진 자유를 술과 도박에 사용하며 방탕과 방종으로 살았다. 또 어떤 노예들은 자유가 선언되었음에도 불구하고 여전히 백인들 곁에서 노예로 남아 있기를 원했다. 참된 자유를 누려 본 적이 없기에 계속 노예로 살면서 주인의 학대를 견뎌 냈다니 매우 충격적이다.

그렇다면 탈북민에게 참된 구원과 자유의 관계는 어떠할까? 겉으로 보기에 탈북민은 완전한 자유의 몸이다. 남한에서 개인의 권리와 번영을 이루며 보장받을 수 있는 대한민국 사람이다. 하지만 자유와 해방을 맞아 남한에 왔음에도 흑인 노예들처럼 여전히 자유가 어색하고, 불편하고, 내 것이 아닌 것처럼 느끼곤 한다. 이러한 점은 믿는 탈북민들에게 많은 시사점을 던져 준다.

그리스도인은 예수님의 십자가와 복음을 통해 구원받은 사람들이다. 이제 그리스도인들은 우리가 받은 구원을 어떻게 사용해야 하는가? 예수님이 우리를 위해 행하신 자유의 의미란 무엇인가? 어떤 의미에서 오늘날 교회와 그리스도인들의 모습은 부자유하다. 마치 위에서 언급한 노예와 같지 않은가 생각해 보게 된다. 어떤 교회는 자유라고 하면서 방종하고 무책임하게 살아간다. 또 어떤 교회는 여전히 율법과 전통의 노예가 되어서 살아가고 있다. 성경에서 말하는 구원의 믿음을 가진 것은 자유지 방종이 아니다.

우리는 믿음으로 구원을 받았다. 그러나 위대한 결단 그 이후에 나의 삶에는 아직도 죄의 문제가 남아 있다. 왜 여전히 나의 삶은 변하지 않는가? 왜 여전히 나는 죄와 싸우며 방황하고 있는가? 우리는 이 문제에 고뇌하며 질문해야만 한다. 한마디로 말하자면, 그것은 칭의의 문제라기보다 성화의 문제라 말할 수 있다. 칭의와 성화의 문제는 분리될 수 없는 영역이지만, 동전의 양면처럼 구분될 수 있다.

바울은 로마서 6장 13절 이하에서 그리스도인이란 예수를 믿고 난 뒤 하나님을 적대시하는 원죄는 없어졌다고 선언한다. 그렇다면 예수 믿고 난 후에 죄의 지배가 아니라 계속해서 은혜의 지배를 받으려면 어떻게 해야 하는가? 바울은 이에 대해 세 가지를 구체적으로 명령하고 있다. 이것은 탈북민 사역과 구원에 중요한 시사점을 던져 준다.

하나님에게 삶을 드리라

로마서 6장 13-14절을 보라. 하나님에게 삶을 드린다는 말은 무슨 뜻인가? 바울은 죄의 지배를 받지 않기 위해 우리가 해야 하는 세 가지 원리를 구체적으로 소개하고 있다. 구원 이후 성숙하고 참된 제자의 삶을 살기 위해서는 몇 가지 훈련이 필요하다고 역설한다. 이 부분이 탈북민을 섬기다 보면 취약한 점임을 절감하게 된다. 이렇게 구원의 확신이 흔들리는 이유를 이동원 목사는《쉽게 풀어 쓴 로마서 이야기》(두란노서원, 2000)에서 지·정·의의 관점으로 다루고 있다.

1) 알라(지성)

날마다 하나님에 대해 알아야 복음의 능력을 확실히 믿을 수 있다. 하나님의 사랑은 무엇이며, 예수님이 왜 죽으셨는지를 매일 깨닫고 알아야 한다. 하나님의 지식을 알지 못하면 삶에 변화가 잘 일어나지 않는다. 이것은 하나님과의 친밀한 교제와 관계성을 의미한다. 따라서 구원받은 이후에는 교회 공동체 안에서 말씀으로 양육 받고 잘 배워야 한다. 오늘날 성도들은 아는 척은 잘하는데 진짜 알지는 못한다. 그래서 영성이 자라지 않고 성장하지 않는 것이다.

2) 여기라(감성)

하나님이 나를 의롭게 여기셨고, 행위가 아니라 믿음으로 구원하셨다는 사실을 받아들여야 한다. 믿음은 그렇게 여기는 것이다. '여기다'라는 동사의 뜻은 무엇인가? 이동원 목사의 로마서 강해에 이런 예화가 나온다. 은행 계좌에 이체할 때 숫자가 찍힌다. 그때 찍히는 숫자가 돈의 가치는 아니다. 그러나 많은 사람들은 통장의 잔고를 실제 돈으로 여긴다. 그것이 바로 로마서에서 말하는 '여기다', '간주하다'라는 뜻이다. 그렇게 우리 죄인 된 모습에 대해 하나님이 의롭다 여겨 주신 것으로 간주하라는 것이다. 나의 연약한 모습이 아니라 십자가의 능력을 더 믿는다는 것이다.

3) 드리라(의지)

진정한 삶의 변화를 원한다면 지식적인 부분에만 이르러서는 안 된다. 감정적 신앙만을 강조해서도 안 된다. 감성적으로 노래만 부른다고 우리의 삶이 변하지는 않는다. 의지를 컨트롤할 수 있는 강한 훈련을 받아야 한다. 죄와 유혹에 대해 절제를 배워야 한다.

바울은 초월적이고 신비주의적인 체험만을 강조해서는 안 되며, 말씀, 기도, 선교, 사역 등 하나님의 경건 훈련을 성실히 받아야 삶에 변화가 일어난다고 강조한다. 성경에서 구원 이후 명령법 가운데 '하지 말라'가 부정적이고 소극적인 의미로서의 구원이라면, 적극적인 의미는 자신의 삶을 하나님의 일에 드리고 순종하라는 것이다. 하나님에게 자신을 맡기고 훈련받으라는 것이다.

따라서 구원 이후 성화의 삶에서는 드리는 것이 중요하다. 그럴 때 우리의 삶은 변화가 일어난다. 그리고 강하게 역사하던 죄가 소멸된다. 그러므로 우리의 구원받기 이전과 이후의 삶을 다음과 같이 설명할 수 있다. 과거에 도둑질했다면 이제는 나누고 베풀라. 과거에 거짓말했다면 이제는 진실을 말하라. 과거에 음행을 했다면 이제는 거룩을 연습하라. 과거에 나 중심적이고 이기적이었다면 이제는 섬김을 연습하라.

나는 누구에게 속한 자인가?

예수 믿으면서 말씀 안에서 정체성을 확인해야 우리는 영적 공격에서 벗어날 수 있다. 바울은 로마서 6장 16-18절에서 구원 이후 정체성이 흔들리면 안 된다고 말한다. 즉 하나님과의 관계 속에서 하나님의 자녀 됨의 축복을 알고 누려야 한다는 것이다. 정체성을 잃어버리면 신앙이 자라지 않는다. 지금 나는 누구에게 속해 있는가? 이것은 정체성의 문제와 관련 있다. 현재 나는 죄의 종인가, 의의 종인가? 은혜 아래 있으면서 왜 죄 가운데 있는가?

구원받은 사람은 본질적으로 죄를 사랑하지 않는다. 죄 가운데 계속 머무르지 않는다. 죄는 우리 안에서 무력화시키지만, 속사람은 하나님을 떠나고 싶어 하지 않는다. 이렇게 나의 생각보다 기록된 말씀을 신뢰하는 것이 믿음이다.

탈북민은 정체성의 혼란이 매우 심하다. 마귀는 탈북민의 정신 세계를 흔들어 놓을 때가 자주 있다. 탈북민은 왜 정체성의 혼란이 계속되는가? 왜 쉽게 하나님의 사랑을 의심하는가? 그것은 세상에 속한 육신의 가족과 아버지와의 관계 때문이다. 영적인 세계에서 가정의 아버지라는 존재는 하나님의 성품을 이해할 수 있는 매우 중요한 원리다. 가족사에서 우리는 아버지의 절대적 사랑으로 인정받지 못해서, 소속감을 느끼지 못해서, 또는 잘못된 평가에 의해서 하나님을 의심할 때가 있다. 그러나 변화된 영적인 실제는, 나는 더 이상 노예의 신분이 아니라 자녀의 신분이라는 점이다. 노예는 행위에 의해 인정받지만, 자녀는 존재로 평가된다. 신분에 걸맞게 살아야 한다.

과거에는 죄에 종노릇했지만, 이제는 의에 종노릇하는 영적 변화를 받아들여야 한다. 이제는 변화된 신분에 의해 누구에게 순종하는가에 따라 그것의 지배를 받게 되기 때문이다. 복음에 합당한 삶을 살아야 하는 이유가 여기 있는 것이다. 옛날에 어떤 임금이 우리를 사랑해서 고아 된 우리를 입양해 왕자와 왕비로 삼아 주었기에 더 이상 고아원으로 돌아가려 해서는 안 된다는 의미다. 우리는 우리의 신분에 걸맞게 살아야 한다.

거룩함의 열매를 맺으라

로마서 6장 22-23절에 성화는 훈련임을 알게 해 주는 대목이 나온다. 일반적으로 사람들은 훈련에 대해 오해를 한다. 세상의 규율, 율법과 달리, 하나님 안에서의 훈련은 자유함이 있다. 훈련은 자유함에 이르는 길이다. 권위 아래 순종할 때 참된 자유에 이르게 된다. 하나님의 법을 벗어나서 자유에 이르려고 하지만, 그때는 열매가 없다. 자유하다고 방종하면 어떻게 되는가? 자유해지기는커녕 영적으로 더 어두워지는 삶을 살게 된다.

이런 의미에서 그리스도인은 마치 어항 속의 금붕어와 같다. 새가 하늘을 나는 것이 자유이듯, 물고기는 물속에 있을 때 자유함을 느낀다. 그것은 구속이 아니라 하나님의 법칙이다. 마찬가지다. 그리스도인의 삶도 하나님의 경건 훈련 아래 있을 때 참된 행복을 누릴 수 있다. 따라서 그리스도인은 교회 안에서 경건 훈련을 배워야 한다.

하나님이 우리에게 주신 자유는 육체를 위한 방종이 아니라 자유를 위한 최소한의 책임이다. 자유를 맛본 사람은 권리와 책임을 동시에 강조한다. 그런데 우리 시대가 생각하는 자유는 영적이지 않다. 권리만 주장하는 것은 자유가 아니다. 책임만 강조하는 것도 진정한 자유가 아니다. 권리와 책임을 같이 행사할 때 영적 자유가 주어지는 것이다.

탈북민들은 앞의 말씀에 비추어 질문해야 한다. 왜 과거 내 삶에는 변화가 없었을까? 왜 내 신앙생활에는 기쁨이 없을까? 혹시 이러한 자유와 책임을 오해해서 책임을 소홀히 여겼기 때문은 아닌지 생각해 보아야 한다.

말씀을 매일 조금씩이라도 읽어야 한다는 사실은 율법이 아니다. 그것은 은혜다. 은혜를 계속해서 받으려면 하나님 안에서 거룩한 책임을 가져야 한다. 하나님과의 관계성도 맺지 않고 기쁨과 자유를 누리려는 것은 잘못된 것이다. 마치 나쁜 생활과 성격을 고쳐달라고 기도하면서도 제자 훈련 없이 저절로 좋아지기만을 생각하는 것은 잘못된 것과 같다.

지금까지 로마서를 중심으로 논의한 것과 같이 '탈북민의 복음화'는 매우 중요하며, 결코 양보하거나 쉽게 넘어가서는 안 될 문제다. 구원의 확신을 갖게 하고 복음을 정확하게 가르쳐야 한다. 구원을 바르게 이해하고 확신하는 탈북민이 많아질 때 북한 선교를 위한 건강한 사역자가 세워지기 때문이다.

2부

하나공동체의
희망 이야기

"너는 네 떡을 물 위에 던져라
여러 날 후에 도로 찾으리라"

-

전 11:1

하나공동체의 시작

북한 사역과 북한 선교는 쉽지 않다. 다른 사역보다 훨씬 오랜 인내를 요구한다. 그러나 하나님 나라의 헌신과 노력은 결코 헛되지 않다. 눈물과 사랑으로 씨를 뿌린다면 하나님이 언젠가 갚아 주실 것이기 때문이다.

이 장에서 나누려는 하나공동체 이야기는 남한과 북한 '사람의 통일'에 관한 이야기다. 앞서 언급한 것처럼, 온누리교회는 지난 15년 동안 남한과 북한 사람이 함께, 믿음 안에서 예배드리며 북한 선교를 꿈꾸어 왔다. 지금 당장은 통일이 이뤄지지 않았고 언제 될지 또한 알 수 없지만, 그날을 믿음으로 바라보며 남한 사람들이 탈북민을 도와 참된 교회와 공동체에서 하나님을 경험하게 되는 통일 이야기인 것이다.

온누리교회 하나공동체는 북한 선교를 위해 존재하는 공동체다.[44] 15년 전, 양재 성전 앞에 건물을 임대해서 주선애 교수님과 고(故) 하용조 목사님이 하나공동체를 만들면서 설교했던 내용을 아직도 기억한다. 처음 시작할 때는 많은 시행착오를 겪어야 했다. 당시만 해도 서로에 대한 이해가 턱없이 부족했고, 경계심과 선입견, 의구심을 쉽사리 내려놓지 못했다. 그러나 시간이 흐르면서 서로를 이해하게 되었고, 점점 하나가 되어 갔다.

한국 교회에서 탈북민을 돕는 방법은 여러 가지가 있다. 개인적으로, 단체를 통해서, 또는 교회 안에서 다양한 방법들로 도울 수 있다. 그러나 어떤 모양으로든 분명한 것은, 남한 사람과 북한 사람이 연합해서 만든 공동체가 필요하다는 점이다. 개인이 섬길 때는 섬김의 한계가 크고 또 쉽게 지친다. 하지만 공동체를 만들어 함께 섬기면 더 효과적으로 섬길 수 있기 때문에 쉽게 지치지 않는다. 물론 공동체 안에서 섬기면서도 많은 갈등과 어려운 점이 있을 것이다. 그러나 그것을 이겨 내야 한다.

나는 또한 남북한 지체들이 신앙 안에서 자랄 수 있는 공동체 생활을 해야 한다는 점을 강조하고 싶다. 하나공동체가 시작되기 전 탈북민을 위한 예배는 남한 사람들과 별도로 운영되는 곳이 대부

---

44 "탈북민 복음화와 사역자화", 온누리교회 통일위원회 3차 세미나, 2017년 4월 22일 발제 내용 중 마요한 논찬, pp. 93-98. 그 당시 함께 공동체를 만들었던 탈북민들과 조요셉 목사님의 간증을 통해서도 이를 확인할 수 있었다.

분이었다. 그런데 고(故) 하용조 목사님에 의해 남한과 북한 사람이 연합해서 예배를 드리는 의미 있는 공동체가 생긴 것이다. 이 공동체는 단순한 교제와 구제만이 아니라, 이들을 훈련시켜 북한 선교를 하는 데 그 목적과 핵심 가치를 두었다. 이러한 비전에 동참하기 위해 여호수아, 대학청년부, 북한 선교 팀들이 대거 합류했으며, 공동체별로 북한 선교에 뜻 있는 사람들이 하나둘씩 모여 오랜 시간 지금의 하나공동체가 이루어져 온 것이다.

하나공동체 모델

하나공동체는[45] 남한의 성도들이 북한을 위해 기도하고 탈북민을 섬기기 위해 선교 사역 팀으로 시작했다가 남북한 연합으로 공동체를 이루게 되었다. 하나공동체의 독특성은 탈북민 사역이 온누리교회의 사도행전적 교회론의 비전과 목회 철학[46]에 토대를 두고 시작되었다는 점이다. 즉, 그동안 선교적 토대 없이 단편적으로 이뤄진 탈북민 사역이 본격적인 신학적 비전과 토대 위에 시작되었

---

45   하나공동체는 양재에서 남북 사람들의 기도와 헌신으로 시작되어, 이후 가양동 한터 공동체와 현재 온누리교회 캠퍼스에서 다양한 사역 공동체로 세워지고 있다(서빙고, 양재, 부천, 남양주, 대전 등). 《온누리교회 사회선교 자료집》 pp. 13-17 참조.

46   하용조, 《사도행전적 교회를 꿈꾼다》(두란노서원, 2010) 참조.

다는 점에서 그 의미를 찾을 수 있다. 또 탈북민 사역의 방향과 범위가 북한 선교와 통일 시대를 준비했다는 데 의미가 있다. 이는 온누리교회의 양육 방법론이 하나공동체 양육의 기초가 되었기 때문이며, 이러한 비전으로 교회의 본질인 다섯 가지 영역(예배, 양육, 사역, 선교, 공동체)[47]에 주안점을 두고 사역하게 되었다.

---

[47] 온누리교회는 예배, 양육, 사역, 선교, 공동체의 다섯 가지 영성 가운데 선교적 교회론이 주축이 되어 온누리교회의 핵심 가치를 이끌어 가고 있다. 이에 대한 자세한 내용은 《온누리교회 새가족 8주 양육 교재》 참조.

7.
내 백성으로 예배하게 하라

| 예배 |

"그 후에 모세와 아론이 바로에게 가서 이르되 이스라엘의 하나님 여호와께서 이렇게 말씀하시기를 내 백성을 보내라 그러면 그들이 광야에서 내 앞에 절기를 지킬 것이니라 하셨나이다"(출 5:1).

탈북민 사역은 무작정 현장에 뛰어든다고 저절로 되는 것이 아니다. 북한 사역을 처음 시작하려면 먼저 문화적 이해가 중요하다. 그 후에 교회에서 가장 중요하게 시작할 수 있는 것이 있다면 바로 예배라고 생각한다.

만일 '내일 당장 통일이 된다면 우리는 무엇을 할 것인가?' 생각해 보라. 많은 준비가 필요하겠지만, 탈북민에게 먼저 경험하게 할 수 있는 것은 다름 아닌 예배라고 생각한다. 이런 의미에서 탈북민 사역에 가장 기초가 되는 것은 참된 예배자를 세우는 일이다. 북한 사역에서 가장 기본이 되는 '예배'가 준비되어 있지 않으면 설령 다른 사역이 잘된다 하더라도 결국 그것은 실패로 끝나기 때문이다. 그래서 예배에 보다 많은 역량을 쏟아 잘 준비해야 한다.

하나공동체는 남북한이 함께 드리는 예배를 '통일 예배'라고 명명했다. 통일 이후 북한에 가서 김일성 주체사상 연구소에 십자가를 걸기로 약속했다.

탈북민(북한 사람)이 하나님을 예배하기 어려운 이유

어느 날, 예배 시간이 다 되어 가는데 오지 않는 청년이 있었다. 그래서 순장이 전화를 했는데 연결이 되지 않았다. 무슨 일이 생긴 것은 아닐까 걱정이 되었다. 설교가 끝나갈 무렵 예배당 한쪽에 앉아 있는 청년을 보았다. 왜 늦었느냐고 물으니 어제 막노동을 고되게 해 그만 늦잠을 자게 되었다고 한다. 대개 주말이면 형제들은 노동일을 하고, 자매들은 편의점 아르바이트를 한다. 북한에 있는 가족에게 돈을 부쳐 주기 위해서다. 이것이 탈북민들의 일반적인 모습이다.

나중에 알고 보니 그들이 집 앞에 있는 교회를 나가도 되지만 굳이 두세 번 갈아타야 하는 먼 거리를 대중교통을 이용해서 하나공동체 예배에 오고 있었다. 심방을 가 보니 정말 먼 거리였다. 그날 이후로 난 그들이 예배에 와 주는 것만으로도 감사했다. 이처럼 어려운 가운데서도 모이는 탈북민과 함께 매주 예배를 드린다는 것은 아주 귀한 일이다. 그렇기 때문에 이때, 올바른 예배 정신을 계속해서 가르쳐야 한다.

처음 탈북민을 만나면 예배를 설명하는 것이 쉽지 않다. 탈북민은 왜 하나님을 예배하기 어려운 것일까? 무엇보다 현실적인 삶의 문제가 안정되어 있지 못하기 때문이다. 그들의 마음을 들여다보면 그들도 어떤 의지할 대상을 찾고 있다. 하지만 평생을 거짓과 우상으로 속아 살아온 그들이 하나님 앞에 마음을 열기란 쉽지 않다. 하나님뿐 아니라 남한 사람이 보여 주는 관심과 사랑의 진정성을 의심하기도 한다.

그래서 탈북민들에게 하나님은 세상의 신과 무엇이 다른가를 가르쳐야 한다. 기독교의 신은 인격적이고 진리와 사랑의 신임을 지속적으로 가르칠 필요가 있다. 무엇보다 이러한 참하나님을 예배와 일상생활 속에서 경험하는 것이 매우 중요하다.

탈북민들에게 온전한 예배를 가르치라

북한 사람에게 예배란 무엇인가? 중국에서 목사님들을 모시고 리트릿을 가졌던 적이 있다. 연변 지역으로 장소를 정하고 3박 4일 일정을 잡았다. 수련회가 끝나기 전, 한 전도사님에게서 연락이 왔다.

조선족 교역자인데, 온누리교회 목사님들을 꼭 한번 만나고 싶다는 것이다. 우리는 카페에서 그 전도사님과 잠시 교제할 수 있는 시간을 가졌다. 그런데 그분이 좋은 말씀을 많이 나누어 주어 오히려 우리에게 큰 도전이 되었다.

그 대화 중 '도문교회 십자가와 밤에 넘어온 북한 할머니'에 대한 내용이다.

어느 날 수요 예배 설교를 사무실에서 밤늦게까지 준비하고 있었습니다. 그런데 노크 소리가 들리더니 한 허름한 할머니가 찾아왔습니다. "할머니 뉘시오?" 하고 물어보니 자신은 북한에서 온 사람이라고 대답했습니다. 그 할머니는 보따리를 풀더니 돈을 꺼내면서 이렇게 말했습니다. "이것을 헌금으로 받으시오. 난 북한에서 마음껏 예배드릴 수 없소. 산 너머 두만강 앞 도문교회 십자가를 보며 눈물을 흘리는 것이 나의 예배라오." 할머니는 이렇게 말하며 울먹거렸습니다. 여기까지 오는 것도 자유롭지 않은데, 며칠씩 걸어서 이곳의 십자가를 보러 온다는 것입니다. 그러니 비록 작은 돈이지만, 십자가를 보다 크게 지어 주었으면 좋겠다고 했습니다. 저는 그 할머니가 돌아간 뒤 펑펑 울었습니다. "하나님, 북한 사람들은 예배 한 번을 저렇게 어렵게 드리는데, 우리의 예배는 너무 형식적이지 않은가요?" 저는 기도하며 회개했습니다.

이 이야기는 단지 그 전도사님만의 에피소드가 아니라 우리 모두를 울리는 이야기로 남아 있다. 진정한 예배란 살아 계신 하나님을 만나는 것이다. 그리고 가장 귀한 그분에게 우리의 가치와 영광을 돌려드리는 것이다.

온누리교회는 예배의 중요한 요소를 다음과 같이 강조한다.

"기름부음이 있는 예배를 위해서 성령의 역사가 중요하며, 설교가 살아 있는 하나님 말씀이 되어야 한다. 그리고 들리는 설교를 해야 한다. 예배를 위해 아낌없이 제물을 드려야 한다. 예배를 드리기 전에 예배자가 되어야 한다."

이런 의미에서 탈북민들이 올바른 예배자로 설 수 있도록 돕는데 사역의 역점을 두어야 한다. 이렇게 하기 위해서 예배에 대해 탈북민들에게 가르쳐야 할 것은 무엇일까?

예배란 하나님의 선하심을 맛보는 것이다. 사람들은 하나님을 만나기 전까지 힘든 삶을 살아간다. 그러나 하나님을 만나면 우리의 삶은 새롭게 변화된다. 다 잃어버리고 절망적인 삶도 다시 회복될 수 있다. 부흥이란 하나님이 다시 그의 백성에게 찾아오시는 영적인 사건이다. 각 시대마다 이러한 하나님과의 만남이 죽은 영혼, 영적 임재가 사라진 교회와 민족과 가정을 살렸다. 따라서 우리 인생의 목적은 영적인 부흥을 갈망하는 것이 되어야 한다. 하나님의 임재와 기름부음이 부흥인 것이다.

하나님의 선하심을 맛보는 예배

다윗은 그의 인생 속에서 하나님의 선하심을 깊이 체험했던 구약의 대표적 인물이다. 그리고 시편 34편을 기록했다. 시편은 사색이 아니라 체험의 책이다. 이 본문은 히브리어 알파벳 순서와 사무엘상 21장 10-15절을 배경으로 기록되어 있다.

다윗은 블레셋 장수 골리앗을 이기고 이스라엘에서 사울보다 인기가 높아져 시기와 질투로 쫓기는 신세가 되었을 때 망명 생활을 하고자 했다. 그러나 상황이 다급해지자 실수로 판단력이 흐려져 적국이었던 가드 왕 아기스를 의지해 목숨을 구해 보려다가 더 큰 낭패를 보게 되었다. 적장들은 다윗을 더 크게 위협해, 그들 앞에 침을 흘리며 미친 척을 하고서야 비로소 풀려 살아나왔다.

이때 느낀 수치심과 굴욕감 속에서 다윗은 한 가지 깊은 깨달음을 얻었다. 아무리 어려운 상황일지라도 하나님의 선하심을 깨닫고 다시 꿈을 꾸며 하나님에게로 돌아가면 살아날 수 있다는 인격적 체험이었다.

이후 그의 삶 속에서 영혼의 혁명이 일어났다. 이 세상에는 안전한 곳이 없고, 사람은 하나님만 의지하고 구할 때 가장 안전하다는 사실이었다. 이 세상의 가장 안전한 피난처는 하나님뿐이라는 사실을 알게 되었다. 그래서 다윗은 자신의 인생에서 하나님을 자랑하고 있는 것이다. 그분의 선하심을 노래하며 자기가 직접 체험한 하나님을 사람들에게 말하고 있는 것이다. 그는 오고 가는 모든 세대의 하나님의 사람들에게 하나님의 선하심을 노래하고 있는 것이다.

그러면 시편 34편은 구체적으로 우리가 하나님의 선하심을 어떻게 알 수 있다고 말하는가?

하나님의 선하심은 체험적으로 알 수 있다

하나님의 성품은 말과 이론으로써 설명되는 것이 아니다. 체험으로 아는 것이 중요하다. 기독교 신앙은 개인적인 체험이 중요하다. 하나님을 체험해 본 일이 없다면 신앙생활을 잘할 수 없다. 당신의 인생 속에서 하나님의 선하심을 직접 경험해 보았는가? 삶 속에서 경험하는 것과 경험하지 않는 것에는 큰 차이가 있다. 백 번 설명하는 것보다 한 번 자신의 삶에서 경험하는 것이 더 낫다. 이것을 인식론에서는 '저항 체험'이라고 한다.

그래서 시편 기자는 '타암'이라는 동사를 사용한다. 히브리어 '타암'은 무슨 뜻인가? '어떤 음식을 시험적으로 맛보다', '분별하다', '노력해서 경험하다'를 의미하며, 이 단어는 체험해서 직접적으로 아는 것을 가리킨다. 신앙에서 지식적인 앎과 실천적인 앎은 서로 구분되기 때문이다.

하나님을 모르는 사람도 믿음으로 순종할 때 우리 인생에 역사하시는 하나님을 체험할 수 있다. 예전에 공동체에서 파푸아뉴기니를 다녀왔다. 그곳에서 많은 사람들이 함께 하나님을 경험한 사건이 있었다. 파푸아뉴기니는 김남수, 이덕신 선교사님이 계시는 곳인데, 당시 세월호 참사로 인해 원래 계획했던 인원들이 아웃리치를 취소하고 최종적으로 아홉 명만 가게 되었다. 그런데 그중에 한 집사님이 또 흔들리며 사업적인 이유 때문에 못 가겠다고 했다. 나는 꼭 가자고 제안했다. 하나님이 사업을 책임져 주실 것이라고 권면했다. 결국 그분은 권면을 받아들여 함께 아웃리치를 잘 마치게 되었다.

파푸아뉴기니에서 돌아올 때는 호주 시드니를 경유하는 항공편으로 코스를 잡게 되었다. 모든 사역을 마치고 시드니에서 하루를 보내고 있는데 그 집사님이 다니던 직장의 서울 본사에서 전화가 왔다. 회사의 중요한 계약자가 서울로 오지 않고 시드니로 온다는 것이다. 그래서 집사님은 시드니에 며칠 더 머물며 계약을 할 수 있었다. 만약 아웃리치를 가지 않았다면 어땠을까? 하나님은 이렇게 선하신 분이시다.

이와 같이 기독교의 하나님은 내가 직접 경험해 보아야 한다. 경험 없는 신앙생활은 힘들기만 하다. 그것은 금욕적이고 종교적인 생활에 가깝다. 예를 들어, 배고프다고 말하는 사람과 배고파서 밥을 먹는 사람은 다르다. 현대인들처럼 좋은 설교, 나에게 맞는 설교만 찾아 들으려 하고 무엇보다 말씀대로 행하지 않으면 절대 알 수 없다. 마귀의 전략은 성도들에게 열심히 성경 공부하게 하되 결국 우리로 하여금 하나님 말씀에 순종하지 못하게 하는 것이다.

"이 예언의 말씀을 읽는 자와 듣는 자와 그 가운데에 기록한 것을 지키는 자는 복이 있나니 때가 가까움이라"(계 1:3).

"내가 주께 대하여 귀로 듣기만 하였사오나 이제는 눈으로 주를 뵈옵나이다"(욥 42:5).

하나님의 선하심은 알아 가는 것이다

본문에 나오는 '알다'라는 단어는 구약에서 '야다'와 동일한 단어다. 인간은 하나님의 지식을 어떻게 알 수 있는가? 하나님은 초월적이고 크신, 광대한 하나님이시다. 무신론자들은 신의 존재를 부정한다. 그러나 그들은 하나님이 없다고 분명하게 말할 수 있는가? 그들의 주장 또한 과학적인 실험 결과가 아닌 논리적 추론, 가설, 주관적 신념에 불과하다. 솔직히 말해서 유신론자와 무신론자 모두 하나님을 증명할 수는 없다. 그러나 객관적으로 볼 때 유신론자가 훨씬 더 유리하다. 무신론자들의 주장은 마치 식당에서 요리를 맛있게 먹고 난 후 음식을 조리한 요리사가 없다고 말하는 것과 같다.

그렇다면 크고 광대하신 하나님을 어떻게 이해할 수 있는가? 하나님을 다 이해할 수는 없다. 그러나 하나님을 올바르게 이해할 수는 있다. 다 알 수 있다는 것도 잘못이지만, 다 알 수 없다는 것도 잘못된 것이다. 다윗이 '알다'라는 단어를 사용한 것은 관계적 앎을 의미한다. 지속적인 교제와 만남을 통해서 하나님을 알아 갈 수 있는 것이다.

예를 들어 보자. 하나님은 얼마나 크신 분인가? 광대한 우주를 보면 알 수 있다. 이 세상에서 육안으로 볼 수 있는 가장 먼 거리는 1초에 30만 킬로미터로 230억 년을 가야 한다. 이러한 갤럭시가 천억 개가 넘는다고 한다. 우리의 이성과 과학으로는 하나님을 다 경험할 수 없다. 그래서 하나님은 믿어야 한다.

이탈리아 박물관과 성 베드로 성당에 가 본 적이 있다. 태어나서 처음으로 세계사와 미술 시간에 배우던 미켈란젤로의 그림을 보았다. 속으로 생각했다. '나는 그 이전까지 미켈란젤로의 그림을 한 번도 의심해 본 적이 없는데, 그동안 어떻게 눈으로 보지 않고도 믿을 수 있었는가?' 사람은 대개 눈으로 본 것을 믿지만, 보지 않고도 작품을 통해 믿을 수 있는 것과 같은 것이다. 작가와 작품을 이해하듯, 창조주 하나님은 창조주가 만든 피조물(하나님의 흔적)을 통해 알 수 있는 것이다.

기독교에서 하나님의 지식은 지식과 정보의 앎이 아니라 관계적 앎이다. 하나님을 예배하고 말씀을 공부하며 관계적으로 알아 가는 것이다. 그러나 동시에 기독교는 계시의 종교이기도 하다. 기독교가 계시인 까닭은 하나님이 자신에 대해 알려 주셔야만 피조물인 인간이 하나님의 지식을 알 수 있기 때문이다. 믿음과 이성을 통해 하나님을 알아 간다는 말이다. 비록 처음부터 다 이해할 수 없다 할지라도, 지속적인 교제와 소개, 만남을 통해 알아 갈 수 있는 것이다.

이해하기 위해서 믿는 것이 아니라, 믿기 위해서 이해하는 것이다. 자주 만나서 교제하는 만큼 깊이 알아 갈 수 있다. 구약성경의 아가서는 사랑하는 부부 관계를 묘사한다. 부부는 사랑하고 신뢰하면서 깊이 알아 간다. 이때의 앎은 정보(information)가 아니라 관계적인 앎을 말한다. 즉 부부 관계처럼 매일의 삶 속에서 사귐, 만남, 교제를 통해 깊이 알아 가는 지식을 의미한다.

시편 34편의 광야에서 다윗은 망명자가 겪는 고생 가운데 찾아오신 하나님이 알려 주시는 것만큼 그분의 성품을 알 수 있는 것이다. 다윗의 마음은 한없이 가난해지고 낮아졌다. 은혜와 물은 낮은 곳으로 흐른다. 이러한 하나님을 우리의 인생 가운데 알아 가고 있는가? 이렇게 크신 하나님이 우리를 위해 사람의 모양을 갖추고 낮아져서 오셨다면, 그분을 맞이하는 인간의 태도는 어떠해야 하는가? 이러한 하나님을 맞이하는 나 자신 또한 겸손해야 하지 않겠는가? 오늘도 하나님은 거룩하고, 구별되고, 겸손한 사람을 찾고 계신다.

"여호와의 천사가 주를 경외하는 자를 둘러 진 치고 그들을 건지시는 도다"(시 34:7).

하나님의 선하심은 신뢰하는 것이다

하나님을 맛보고, 알아 가고, 주님에게로 피하는 자는 복이 있다고 말한다. 이것을 아는 것이 성도라고 말한다.

본문에 "그(주)에게 피하는 자"(시 34:8)라는 구절이 나온다. 피한다는 것은 구체적으로 무엇을 의미하는가? 이는 부정적으로 무서워서 피하는 것이 아니다. 도망가는 것이 아니다. 이는 적극적으로 그의 품에 안기는 것을 의미하며, 그에게 피하는 자란 그를 신뢰하며 의뢰하는 자, 그에게 피난처를 찾는 자를 의미한다.

환난 중에 하나님에게 도피해서 피난처를 찾은 적이 있는가? 혹자는 하나님이 안 믿어지는데 어떻게 피하느냐고 반문한다. 다 보여 주면 믿을 것 같은가? 꼭 그렇지만은 않다. 우리 마음이 왜곡되어 있기 때문이다. 눈에 보이는 것을 보는 것이 아니라 마음 가는 대로 보고자 하는 것이 인간이다. 하나님을 믿지 않으려는 것은 객관적인 증거 부족 때문이 아니라, 마음에서부터 진리를 거부하고 하나님을 인정하지 않으려 하기 때문이다. 즉, 믿지 않는 것이 아니라 안 믿으려는 나의 고집된 신념이 있기 때문이다.

고집 센 무신론자도 하나의 신념을 가지고 있다. 자신의 신념을 하나님의 진리처럼 믿고 있는 것이다. 광대하신 하나님을 어떻게

다 알면 믿겠다 말하는가? 개미가 인간을 알 수 없듯이, 3차원이 4차원을 다 이해할 수 없듯이, 시간 속 존재가 영원의 세계를 알 수는 없는 법이다.

그러면 성경에서는 하나님을 어떻게 알고 예배할 수 있다고 말하는가? 하나님을 믿으려는 사람이 하나님을 가장 잘 믿을 수 있는 방법은 겸손함이다. 마음이 가난하고 낮아지지 않으면 그분의 말씀에 순종할 수 없으며, 그분을 신뢰할 수 없다. 그러나 사랑하면 순종한다. 하나님의 어리석음이 내 힘과 사람의 지혜보다 낫다는 확신이 든다. 다윗처럼 인생의 큰 폭풍과 고난을 만났을 때 지혜로운 사람은 하나님에게로 피한다. 그때 하나님은 응답하고 구원하신다. 그러면 하나님은 우리의 곤고한 인생을 구원해 주신다.

"젊은 사자는 궁핍하여 주릴지라도 여호와를 찾는 자는 모든 좋은 것에 부족함이 없으리로다"(시 34:10).

원래 젊은 사자는 굶주리지 않는다. 힘이 세서 굶어 죽는 일이 없다. 그런데 사자가 굶주리는 한이 있어도 하나님을 신뢰하는 자가 더 안전하다고 말한다. 우리의 짧은 경험과 지식은 한계가 있기에 하나님을 믿어야 한다. 경험할 수 없는 하나님을 신뢰하는 것이 믿음이다. 지금까지 하나님을 잘못 이해하고 있었다면 오늘부터 다시 하나님과 소통하고 주파수를 맞출 수 있기를 원한다.

하나님을 알아 가는 지식은 경험하는 것이며, 알아 가는 것이며, 그에게 피하는 것이다. 이것을 통해 다윗은 자신의 어려운 삶 속에서 하나님의 인도하심을 경험했다. 그리고 하나님은 선하신 분이라는 결론을 내렸다. 평생에 선하심과 인자하심을 경험하고 싶다고 고백했다. 내 생각, 내 계획, 내 뜻과 다를지라도, 하나님은 우리의 삶을 인도하는 분이시다.

하나님의 성품은 선하심이다. 따라서 우리도 선하심을 경험하며 살아야 한다. 다윗은 이러한 하나님의 선하심을 후대에 계속해서 전수해야 한다고 말한다. 하나님을 자랑하라는 것이다.

"너희 자녀들아 와서 내 말을 들으라 내가 여호와를 경외하는 법을 너희에게 가르치리로다"(시 34:11).

예배하기 위해 지음 받은 하나님의 백성

진정한 예배란 하나님의 주권을 인정하는 것이다. 출애굽기에서 하나님으로부터 출애굽시키라는 명령을 받은 모세는 바로에게 말한다. 그러나 바로는 이스라엘 백성을 쉽게 놔주려 하지 않는다. 이때 하나님은 열 가지 재앙을 통해 기적과 표적을 나타내셨다. 당신의 백성으로 광야에서 예배하게 하기 위해 하나님은 이스라엘을

애굽의 종노릇에서 구원하고자 하신 것이다.

예수 그리스도가 우리의 삶을 죄에서 구원해 주신 까닭은 하나님을 예배하게 하기 위해서다. 우리는 이사야 43장 21절에서 말하듯 하나님을 찬송하기 위해 지음 받았기 때문이다. 탈북민 형제자매들에게도 이러한 하나님의 하나님 되심을 알게 해야 한다. 그것이 북한 선교, 통일 사역의 첫 시작이다.

사역 TIP - 예배 훈련의 결과

하나공동체에 오는 성도들이 이구동성으로 하는 말이 있다. 그것은 하나공동체 예배가 다른 탈북민 모임보다 밝고 활기차서 좋다는 것이다. 그 비결이 무엇일까 상당히 궁금해 한다. 답은 간단하다. 양육과 훈련의 결과다.

북한 선교와 탈북민 예배 분위기는 밝아야 한다. 탈북민의 일상, 즉 일주일간의 삶은 매우 고되고 고달프다. 그래서 목회자나 사역자들이 예배에 오는 사람들을 따뜻하게 맞이하며, 의도적으로 밝고 유머 있는 분위기를 조성하는 것이 중요하다. 이를 위해 중요한 것이 예배 인도자의 영성이라고 생각한다.

예를 들어, 누가 찬양을 인도하느냐에 따라 분위기가 달라진다. 한 사람의 기름부음 있는 예배자가 중요하다. 예배 인도자는 회중의 예배 분위기에 많은 영향을 미친다. 따라서 공동체의 예배 인도자는 침울하면 안 된다. 예전에 개인적으로 힘든 일을 겪으며 회중을 힘들게 한 예배 인도자가 있었다. 오랫동안 수고했지만 예배 인도자로 적합하지 않아 보였다. 자신이 힘들면 회중들을 힘들게 했다. 멘트도 많고 감정적으로 치우쳐 있었다. 그리고 주관적 감정에 치우친 예배 싱어들도 아니라는 생각이 들었다. 그래서 남한과 북한이 연합된 팀으로, 오히려 밝고 활기찬 기운으로 성가대도 통일을 염두에 두고 함께 찬양하게 했더니 분위기가 나아졌다. 온누리교회 예배의 영성을 가지고 차츰 개선해 나가기 시작했다.

탈북민들은 오랫동안 하나님 대신에 예배의 대상을 바꾸어 살아왔다. 그래서 북한 사람들에게 올바른 예배가 무엇인지에 대해 반복적으로 코칭하고 가르쳐야 한다. 삶의 우상들을 분별할 수 있도록 가르치고, 삶이 하나님과 동행하는 예배가 될 수 있도록 자주 점검할 필요가 있다. 이런 훈련을 지속적으로 하면 그때마다 탈북민의 삶과 예배의 괴리가 점점 좁혀지게 된다.

하나공동체 예배는 영적인 흐름을 중요시 여기며 하나님의 임재에 초점을 맞추고 있다. 하나님이 예배의 중심이라는 것을 가르치니 예배가 달라졌다. 예배를 준비하는 스태프들도 일찍 와서 예배 전에 떠드는 것이 아니라, 통성 기도를 훈련했더니 예배에 집중력이 생겨나기 시작했다. 이러한 일들을 위해 예배 사역자의 영적 흐름과 영적 감각이 무엇보다 중요하다.

예배를 섬기는 자리들도 남한과 북한 사람이 함께 섬기게 하는 것이 좋다. 하나공동체의 성가대는 남북한 형제자매들의 통일 성가대라 불린다. 순별로 돌아갈 때도 있다. 특히 설교는 강해 설교와 주제 설교를 병행했는데, 복음 중심과 신앙생활에 필요한 것들로 하되 설교 내용이나 예화에 북한과 관련한 내용들을 많이 넣어 최대한 설교에 집중하게 만든다.[48]

탈북민 예배는 집중력이 있고 산만하지 않도록 하는 것이 중요하다. 특별한 순서와 프로그램들이 있다 하더라도 모든 것은 거룩한 예배가 중심이 되도록 한다. 예배 후 광고, 생일 파티, 간증, 결혼 등도 예배 순서가 공식적으로 끝난 뒤에 특별한 시간을 갖게 만드는 데 주안점을 두었다. 이는 하나님에게 드리는 예배가 방해받지 않도록 하기 위해서다.

예배 인도자가 지치게 되면 온 회중들이 힘들어진다는 사실에서 얻은 교훈으로, 고정적인 한 사람보다는 팀 사역으로 진행하는 것이 바람직하다. 이렇게 되면 탈북민 형제자매들에게 훨씬 안정적이고 깊은 터치가 이루어진다.

---

48 처음에는 하나공동체에서 설교하는 것이 어렵게 느껴질 때가 많았다. 남한과 북한 사람을 대상으로 하다 보니 어느 특정인들에게 맞출 수가 없었기 때문이다. 설교 내용 중 북한 소재들과 이야기들을 내용에 포함시켰다. 개인적으로는 사도행전, 에베소서, 로마서 등을 강해하고 있었다.

8.
프랑스 칸(Khan)에서 벌어진 일

| 양육 |

"그리스도 안에서 일만 스승이 있으되 아버지는 많지 아니하니 그리스도 예수 안에서 내가 복음으로써 너희를 낳았음이라"(고전 4:15).

프랑스의 칸이라는 지역은 '칸영화제'로 잘 알려진 도시다. 약 25년 전쯤 그 지역의 한 산부인과에서 간호사의 실수로 큰 법적 소송이 벌어졌다. 결국 그 병원은 12년간의 지루한 소송 끝에 23억 원이라는 엄청난 금액을 피해자의 어머니인 소피 세라노 씨에게 보상해 주어야만 했다.

이 이야기의 내용은 이렇다. 두 산모가 그 병원에서 출산을 했다. 그런데 두 아이 모두 인큐베이터에서 집중 치료를 받아야 했다. 그리고 퇴원할 무렵 간호사의 실수로 아이가 뒤바뀌었다. 이후 두 아이는 각각 다른 부모에게 양육되었다. 그때까지만 해도 양쪽 부모들은 아이가 부모를 안 닮았지만 특별히 의심하지는 않았다고 한다. 그런데 한쪽 부모가 친자 확인 유전자 검사를 한 뒤 자신의 자녀가 아니라는 사실이 과학적으로 밝혀지게 된 것이다. 결국 양쪽 부모들은 친자가 서로 뒤바뀌었음을 알고, 그동안 기른 딸 마농을 친부모에게 돌려주는 예식을 레스토랑에서 가졌다. 그리고 몇 개월 후, 양가 부모들은 다시 연락해서 아이들을 원래대로 바꾸어 기르기로 합의를 했다. 자기 친자식을 찾았음에도 불구하고 너무 오래 떨어져 있다 보니 남처럼 느껴진 것이다. 특히 그동안 함께 생활했던 자식이 보고 싶어 다시 옛날처럼 돌아가기로 결정한 것이다. 이들은 혈육도 중요하지만, 함께 나눈 시간, 추억, 어려움을 극복해 낸 순간이 가족의 유대감을 만드는 결정적인 요소라 말해 주변 사람들을 놀라게 만들었다.

　이 이야기가 주는 교훈은 무엇인가? 낳은 정도 있지만, 기른 정이 더 무섭다는 것을 보여 주는 것은 아닐까? 나는 이것이 탈북민 양육과 통일 한국에 해당되는 말이라고 생각한다. 생명을 낳는 것도 중요하지만, 교회 안에서 양육이 매우 중요하다는 사실은 아무리 강조해도 지나치지 않다.

탈북민 양육, 어떻게 해야 하는가

그렇다면 탈북민 양육은 어떻게 이루어지는가? 중국에서 사역할 당시 한 목사님이 말씀해 주신 내용이다. 1990년대 말 고난의 행군 때 너무 많은 탈북민이 중국으로 나오다 보니 원래 중국 선교를 하러 나왔던 선교사님들이 난처하게 되었다. 이들을 못 본 채 그냥 내버려 둘 수 없었기 때문이다. 또 북한 사람들을 양육해 본 경험이 없어 곤란했던 것이다. 어떻게 할 수가 없어 한족 사역을 포기하고 탈북민들과 함께 살아 주는 것으로 양육이 시작되었다고 한다. 양육이란 다른 것이 아니라 그저 밥 먹여 주고 잠을 재워 주는 것이 전부였다.

하지만 탈북민들의 배가 부르고 안정이 찾아오자 한계점에 이르게 되었다. 그러고 나니 성경적인 양육이 생각났던 것이다. 그때가 mp3가 나왔을 시절이라 탈북민들과 함께 계속 반복적으로 성경 통독을 했다고 한다. 이렇게 성경을 공부시키니 탈북민들의 가슴이 뜨거워지기 시작했다고 한다. 복잡한 양육이 아니었다. 말씀과 기도밖에는 할 수 있는 것이 없었다.[49]

이렇게 성경 통독으로도 뜨거워질 수 있는 탈북민을 어떻게 양육시키는 것이 바람직할까? 남한에 온 탈북민들을 재정과 물량적으로 도와주는 것에는 한계가 있다. 효과도 미비하다. 탈북민 사역에 있어 가장 효과적인 방법은 사랑이다. 진정성 있는 사랑만이 그들의 영혼을 변화시킬 수 있다.

---

49   최광, 《내래, 죽어도 좋습네다》(생명의 말씀사, 2007).

양육 하면 떠오르는 대표적인 사람이 있다. 일만 스승이 아니라 아비와 부모의 심정으로 탈북민들을 섬기는 이들이다. 하나공동체 모두가 그렇게 섬기지만, 특히 민경일 집사님 가정, 신동식, 이석미 집사님 가정은 하나공동체 안에서도 유명하다. 그들은 북한을 무척 사랑하는 가족이다. 그런데 어느 날 보니 하나공동체에서 그들은 매우 특별하게 탈북민을 양육하고 있었다. 이들은 집사님과 남편, 그리고 자녀까지 온 가족이 모두 하나공동체를 섬겼다. 이 가정의 특별한 양육법은 다른 것이 아니라 탈북민을 입양하는 것이다. 법적으로 입양한다는 것이 아니라, 사랑으로 입양하는 것이다. 대학생 또는 다 큰 청년들을 입양해서 친자녀 이상으로 돌보았다. 외롭고 힘든 지체들을 위해 사재를 털어서까지 기꺼이 돌본 것이다.

칼뱅은 교회를 '믿음의 어머니'라고 말한 적이 있다. 루터는 교회를 '입의 집'(설교의 집, 양육의 집)이라고 설명했다. 이렇게 중요한, 어머니의 품 같은 교회 안에 들어온 탈북민을 최선을 다해 양육하는 것은 아무리 강조해도 지나치지 않다. 특히 기독교 신앙은 양육이 반(半)이라 해도 과언이 아니다. 양육은 프로그램이 아니라 한 영혼을 돌보는 일이며 교회의 본질에 해당된다.

탈북민들을 사랑하는 마음이 생기면 가능한 심방을 자주 하는 것이 좋다. 무슨 일이 있어서가 아니라, 생각날 때마다 전화하고 자주 만나는 것이 중요하다. 처음 탈북민 사역을 시작할 땐 탈북민들의 삶을 이해하기 위한 심방을 자주 했다. 그들은 누추한 곳까지 와

주는 사람들에게 고마움을 표했다. 많은 경우 맞벌이를 하기 때문에 저녁 늦게 찾아가곤 했다.

한 번은 구룡마을 한 귀퉁이에 사시는 김병만 할아버지와 권사님이 몸이 안 좋다 해서 함께 기도해 주었더니 무척 고마워했다. 또 탈북민 학생들이 기숙사에 모여 사는 경우에는 냉장고에 반찬을 넣어 주러 가곤 했다. 탈북민 지체들이 사정상 집을 오픈하지 않으면 순원인 남한 지체들 집에서 자주 식사 모임을 가졌다. 그리고 순원들과 북한 지체들 집을 번갈아 가면서 심방했다. 이처럼 탈북민들을 자주 만나다 보면 그들과 매우 가까워져 속에 있는 이야기까지 들을 수 있게 된다. 주일에만 만나면 한계가 있다. 주 중에 자주 심방하고 연락하는 것이 중요하다.

북한 지체를 심방하는 일은 매우 중요한 양육 방법이다. 이들을 심방함으로써 마음을 얻을 수 있고, 마음을 얻어야 관계성을 맺고 제대로 된 양육을 시작할 수 있기 때문이다. 예수님이 사마리아 수가 성 여인에게 물 한잔을 요청하며 관계성을 맺은 것처럼 말이다.

온누리교회의 체계적 양육은 하나공동체를 섬기는 데 매우 도움이 되었다. 온누리교회의 양육은 기본적으로 새가족 큐티, 일대일, 순 모임이 있다. 그리고 주일에는 함께 모여 예배를 드린다. 처음에는 탈북민에게 온누리 양육 체계를 심어 준다는 것이 어려워 보였다. 그러나 벽돌을 한 장 한 장 쌓듯이 기초부터 큐티를 가르치기 시작했다. 이때 중요한 것은 남한 지체들도 같이 배운다는 점이다.

하나공동체 양육은 공동체 영성이었다. 남한 사람이 북한 사람과 늘 동행해 줄 때 효과는 배가가 된다.

하지만 이런 이유 말고 탈북민 양육이 진짜 어려운 이유는 따로 있다.

북한 사람의 양육이 어려운 이유

1993년 3월 19일 뉴스에 크게 보도되었던 한 사건이 있다. 바로 비전향장기수 최초의 북송자 '리인모 노인 송환'에 대한 기사였다. 한국전쟁 이후 북한군 병사들 일부는 포로로 잡혀 거제수용소에서 지내다가 풀려나게 되었다. 이때 두 부류의 사람이 있었다고 한다. 한 부류는 대한민국 국민으로 전향해서 새롭게 살아가는 사람들, 그리고 다른 부류는 죽을 때까지 자신의 신념을 변절하지 않는 경우였다. 리인모 노인은 죽기 직전까지 북한의 사회주의 신념을 놓치지 않았다. 그래서 북송되었을 당시 북한에서 대대적인 선전과 환영을 받았다고 한다.

탈북민의 양육이 정말 힘든 것은 그들의 겉과 속이 같지 않기 때문이다. 변한 것 같은데 변하지 않은 모습 때문에 양육에 어려움을 느끼곤 한다. 오랫동안 세뇌되어 온 사상을 하루아침에 바꾼다는 것은 결코 쉬운 일이 아니다. 그것은 진리의 영이신 성령님이 오셔야 가능하다. 요한복음 3장에 나오는 니고데모처럼 오직 진리의 성령님이 오셔서 그 마음과 생각을 바꾸어 주셔야만 비로소 가능한 일이다.

하루는 사역으로 정신이 없던 날이었다. 하나공동체의 한 자매가 사무실로 찾아왔다. 취직을 하기 위해 교적 등록을 떼고 싶은데 (탈북민들은 남한에서의 기록이 없다 보니 교회에 적을 두는 것만으로도 취업에 유리하다) 새가족부에 갔더니 자신이 등록이 안 되어 있다는 것이다. 교회에 출석한 지 10년이 되었는데 말이다. 그래서 영문을 몰랐던 자매가 교역자인 나에게 찾아왔던 것이다. 간사에게 물어보니 어떤 이유인지 등록이 안 되어 있다고만 말했다.

알고 보니 탈북민 지체들은 이런 경우가 많았다. 남한에서 자주 거처와 일자리를 옮겨 다니기 때문이다. 북한 지체들은 일자리를 구하기가 쉽지 않다. 그래서 교회 출석률도 상당히 떨어진다. 일자리를 따라가다 보니 전국적으로 흩어지게 되는 것이다. 전국적으로 거주지를 옮겨 다니다 보면 한 교회에 등록해서 새가족 교육을 받을 수 없다. 그렇다고 공동체에서 이름을 빼 놓아서도 안 된다. 얼마 지나지 않아 다시 올라올 수도 있기 때문이다. 오랜만에 올라왔는데 자기 이름이 순 모임에서 삭제된 것을 보고 실망하는 탈북민 새가족도 있다. 그러면 다시 교회를 떠난다. 꽤 오랫동안 이러한 일들이 악순환으로 반복되고 있었던 것이다.

임원들과 함께 운영위에서 고민해 대안을 만들어 냈다. 하나공동체에 맞는 새가족 교재를 만들기로 한 것이다. 하나원 새가족 교재를 참조해서 온누리교회의 새가족 교재와 함께 신문기자 출신 홍장기 집사집이 만들었다. 교회의 양육 부서와 의논 후 북한 새가족의 특수한 상황을 설명하고 하루에 새가족 과정(8주)을 모두 마칠 수 있도록 수련회하기 좋은 장소에서 새가족 양육을 진행했다.

　새가족 등록 외에도 탈북민 양육의 진짜 어려움은 지금 와 있는 하나공동체 탈북민에게 있었다. 이들은 영적인 모임보다 인간적인 나눔에 익숙해져 있었다. 그래서 예배 후 교제가 말씀보다 중요하게 여겨졌다. 지난 한 주간 그럭저럭 살아온 내용들로 교제하는 것에 익숙해져 버렸다. 그래서 말씀이 빠지고, 간식과 세상 돌아가는 일로 나눔을 끝내 버렸다. 이것은 아니라는 생각이 들었다. 또 다른 진지한 나눔을 방해한 것 중에 하나는 남한 사람들이었다. 북한 선교를 하기 위해 온 남한 지체들은 북한 사람들의 삶에 관심이 많았고, 그만큼 질문도 많았다. 그러다 보니 탈북민 입장에서는 했던 이야기를 매주 반복해야 하는 어려움이 있었다.

　이러한 문제를 한 번에 해결할 수 있는 것은 진정한 큐티 나눔이었다. 남한 사람이나 북한 사람이나 인간적인 나눔보다 하나님의 말씀을 묵상하고 그 내용으로 교제하는 것이 중요해 보였다. 그런데 지금까지 안 하던 큐티를 탈북민들에게 가르치기란 쉽지 않은 작업이었다.

양육도 섬김도 그들의 눈높이에 맞게 행하라

한 번은 큐티 전문 사역자를 모셔 강의를 듣고 세미나를 진행했다. '기록되지 않은 것은 큐티가 아니다. 적용이 없는 큐티는 유산한 것과 같다. 기독교의 하나님은 인격적인 하나님이시다. 말씀을 통해 하나님의 음성을 들을 수 있는 특권이 하나님의 자녀에게 있다.' 강의는 '관찰', '해석', '적용'이 무엇인가에 주안점이 있었고, 기록하는 큐티를 강조했다. 묵상만 하면 삶의 적용이 약하다는 점을 강조했다. 그리고 큐티 매뉴얼대로 훈련을 시켜 보았다.

훈련을 해 보니, 탈북민들에게 제일 부담되는 것은 큐티를 매일 해야 한다는 것이었다. 그래서 일주일 분량을 다 못하더라도 매뉴얼대로/정석대로 세 번 정도만 깊이 있게 해서 적어 오게 했다. 이렇게 하니 점점 나아져 하나공동체 분위기가 많이 달라졌다. 남북한 성도들이 하나공동체에 큐티 문화를 정착시키기 위해서 실로 많은 노력을 기울였다. 마침내 이러한 노력으로 추수감사주일에 〈열매〉라는 큐티집을 내는 기쁨도 맛보았다.

큐티는 경건 생활에서 빼놓을 수 없는 매우 중요한 요소다. 그런데 북한 지체들은 큐티를 부담스러워하거나 어려워했다. 북한에서도 '생활총화' 같은 것을 했기 때문이다. 이때 당과 수령을 위해 잘못된 것을 비판하고 지적하는 훈련이 되어 있기 때문에 이들은 죄 문제에 대해 민감하게 반응한다. 사회주의 사회에서 자신의 잘못을 인정한다는 것은 향후 큰 불이익을 야기할 수 있기 때문이다. 북한에서도 지겨울 정도로 자아비판을 했는데 남한에 와서도 자신의 죄를 고하라고 하니 본능적으로 꺼릴 수밖에 없다.

그러나 첫술에 배부르면 안 된다. 부족하고 자신이 없더라도 탈북민들은 큐티 나눔에 귀를 기울여야 하고, 남한 사람들은 이것을 잘 받아 주어야 한다. 큐티 나눔을 어려워하는 것은 그들의 본심이 아닌 심리적인 부담이기 때문이다. 사실 그들은 하나님을 사랑한다. 그리고 말씀을 간절히 배우고 싶어 한다. 궁극적으로 북한에서의 자아비판과 하나님 앞에서의 회개는 다르기 때문이다. 하나님의 말씀은 진리이며, 진리 앞에서 자유로워질 수 있음을 바르게 가르쳐야 한다. 그것이 그리스도인의 믿음이기 때문이다.

일대일 제자양육 과정은 16주 동안 진행된다. 기간도 길고 양육 교재도 어렵다고 느껴지기에 탈북민들은 대부분 기피한다. 그러나 구원의 확신과 예수 그리스도의 인격과 사역(1-4과) 부분은 복음의 핵심이기에 결코 양보할 수 없다. 양육에서는 새로운 것보다 본래의 양육 철학과 정신이 가장 중요하다는 사실을 탈북민을 섬기며 알게 되었다.

중국에서 사역할 당시 이상기 장로님에게 참된 양육이 무엇인지를 배운 적이 있다. 그분은 사업으로 매우 바쁜 중에도 스물다섯 명 정도 되는 일대일 사역 팀을 데리고 교회 중직자들의 일대일 사역을 섬겨 준 적이 있다. 총 16주 과정을 다 마칠 즈음, 장로님이 양육하던 최수민 집사님의 이야기를 경청하다가 두 과를 채 마치지 못했다는 말을 듣게 되었다. 그래서 모든 팀들이 관광도 안 하고, 밥 먹고 양육만 하다가 3박 4일의 일정을 끝냈다. 어쩔 수 없이 그렇게 공항으로 향하는데, 장로님이 문득 이렇게 말씀하시는 것이다.

"목사님, 다시 올게요."

나는 그때 예의상 하는 말로 듣고 한 귀로 흘렸던 것 같다.

"네, 장로님. 또 오세요."

그런데 장로님은 그 한 사람을 다시 양육하기 위해 공휴일을 이용해 1박 2일 일정으로 다시 오셨다. 그리고 남은 2과 과정을 마치고 다시 한국으로 돌아가셨다. 그때 장로님께 물었다.

"장로님, 어떻게 그렇게 양육을 잘하실 수가 있나요?"

그랬더니 장로님은 다음과 같이 말씀하셨다.

"저도 그렇게 배웠습니다. 저를 섬겨 주시던 분이 그렇게 많은 사랑을 베풀어 주셨습니다."

탈북민에게 영혼의 베이스캠프를 제공하라

엄홍길 대장이 에베레스트 고지를 정복한 뒤 사람들은 그에게 등정에 있어 가장 중요한 것이 무엇이냐고 물었다. 좋은 장비가 아니었다. 좋은 기후도 아니었다. 가장 중요한 것은 베이스캠프라고 말했다. 베이스캠프에서 잘 먹고 쉬면서 안식하지 못하면 낙상 사고가 일어나 등정에 실패한다는 것이었다. 나는 탈북민 양육에도 영혼의 베이스캠프가 필요하다고 본다. 그들은 조난당한 나그네들 같기 때문이다. 교회에서 영적으로 잘 먹고 잘 쉬면 그들의 영·혼·육이 정상적으로 회복될 수 있다.

탈북민은 일평생 거짓된 주입식 교육을 받아 왔다. 이러한 북한 지체들에게 양육은 왜 중요한가? 양육을 통해 하나님의 사랑을 깨달을 수 있기 때문이며, 세계 선교의 비전을 가르칠 수 있기 때문이다. 온누리교회의 양육은 단순히 제자를 재생산해 내는 데 목적이 있는 게 아니라, 선교적 비전을 가진 제자를 만드는 데 목적이 있다. 그것이 사도행전적 양육 방법론이다. 이러한 의미에서 하나공동체의 양육도 하나님 나라의 제자도를 가르치는 것이 중요하다.

양육이란 복음을 효과적으로 가르치는 것이다. 성경 교사 헨리타 미어즈는 위대한 두 명의 복음 전도자를 양육했다. 한 제자인 빌리 그레이엄 목사는 크루세이드라는 대중 전도 집회를 통해, 다른 제자인 빌 브라이트 박사는 대학생선교회인 C.C.C. 단체와 사영리 복음 전도법을 통해 세계를 복음화하고자 했다.

교회와 그리스도인에게 양육의 목표는 무엇이 되어야 할까? 바로 한 영혼을 재생산해 내는 것이다. 사도행전 8장의 에디오피아 내시와 빌립 전도자의 이야기는 이 질문에 대해 아주 중요한 영적 통찰력을 제공해 준다. 즉 복음은 일대일로, 모국어로 전해질 때 영적 재생산이 일어난다는 것이다. 비록 복음은 대중적으로 들었다 할지라도 체계적인 양육은 인격적으로, 일대일로 전해져야 한다는 점을 놓쳐서는 안 된다. 이러한 의미에서 빌립 전도자와 에디오피아 내시의 이야기는 시사하는 바가 크다. 그렇다면 그 구체적 내용은 무엇인가?

사도행전 전체는 성령 충만이 무엇인지를 설명하는 내용으로 가득 차 있다. 우리는 흔히 '성령 충만'하면 감정적으로 뜨거워지거나 새 방언을 말하게 되는 등 성령의 은사들이 역동적으로 나타나는 것을 떠올리곤 한다. 그러나 사도행전 전체에서 말하고자 하는 바는, 정말로 성령 충만하면 하나님의 뜻에 순종하게 된다는 사실이다. 초대교회와 사도들이 성령 충만을 받고 어떻게 하나님 나라를 이루어 갔는지를 보여 주는 책이 사도행전 아닌가? 즉 나 중심에서 하나님이 기뻐하시는 뜻대로 우선순위가 바뀌며 순종하게 된다는 것이다. 다 이해되지 않아도 하나님을 제한하지 않으며 민감하게 살았던 행적을 보여 주고 있는 것이다.

사도행전 8장이 탈북민에게 주는 영적 교훈

1) 순종해야 하는 이유

빌립 전도자는 왜 사마리아에서 광야로 갔는가? 29절을 자세히 읽어 보라. 만일 빌립이 예루살렘, 사마리아에서 계속 부흥을 경험했더라면 그는 위대한 사도가 되었을지 모른다. 그러나 그는 자신의 모든 것을 내려놓고 성령의 인도하심을 따라 광야로 갔다. 기득권을 내려놓고 떠나 하나님이 인도해 주신 영혼을 만났다. 빌립은 구체적인 주소와 장소도 모른 채 하나님의 손가락만 바라보며 이끄시는 대로 순종해 나아갔다. 그리고 그곳 유대 광야에서 복음을 인격적으로 듣기 원했던 내시를 만나게 되었다.

2) 영적인 갈급함을 가져야 하는 이유

에디오피아 내시는 누구인가? 30절을 보라. 그는 예루살렘에서 예배를 드리고 내려오는 중이었다. 그런데 그가 드린 예배가 만족스럽지 못했던 것 같다. 그는 상실한 영혼, 방황하는 영혼, 하나님에 대한 목마름으로 갈급함이 있는 영혼이었다. 어쩌면 그는 이방인으로서, 내시로서 그리고 국고 책임자로서 자신의 인생을 돌아보았을지 모른다. 권력의 허망함, 내시로서 가족에 대한 그리움도 있었을 것이다. 어쩌면 예배를 드리러 갔는데 이방인에 율법서에서 금하고 있는 내시라는 이유로 이방인의 뜰에 있는 것에 만족해야 했을지도 모른다. 유대인들에 의한 배척, 거절감, 더 깊은 지성소로 들어가 보고 싶지만 할 수 없었던 안타까운 마음들을 가지고 있었을 것이다. 그런 그가 광야에서 두루마리 성경을 읽지만 도무지 깨닫지 못하고 있다. 이를 위해 하나님은 빌립을 그에게 보내어 만나게 하셨던 것이다.

3) 인격적인 양육이 필요한 이유

인격적 양육은 왜 필요한가? 빌립 전도자가 광야에서 에디오피아 내시를 만나 물었다. '당신이 읽고 있는 성경을 이해하고 있습니까?' 그때 내시는 무엇이라 말했는가? 31절을 보라. 그는 가르쳐 주는 사람이 없으니 내가 어떻게 알겠느냐며 반문한다. 내시의 이 말은 탈북민의 양육이 무엇이 되어야 하는가를 보여 준다. 즉 많은 탈북민들과 북한 사역은 미래에 많은 성경 교사를 필요로 한다는 점이다. 복음은 모국어로, 인격적으로 들어야 한다. 체계적인 양육이 되어야 한다. 멘토와 멘티의 공동체가 필요하다. 내시는 빌립과 인격적인 성경 공부를 시작함으로써 예수 그리스도가 행하신 일과 사역을 깨닫고 물가에서 세례를 받게 된다. 이로써 아프리카에 복음이 전해지게 된다. 그리고 그를 통해 한 국가가 복음화되게 된다. 빌립과 내시는 열방과 세계를 품은 그리스도인이 되었던 것이다.

이렇듯 탈북민들은 모국어로, 인격적으로, 체계적으로 문화에 맞게 잘 양육되어야 한다. 즉 알아들을 수 있도록 효과적으로 가르쳐야 한다는 사실이다. 모르던 것을 이해할 수 있도록 교리와 영적인 필요를 잘 가르치는 것이 양육의 핵심 요소다.

탈북민 양육을 잘하려면 우선 두 가지가 필요하다. 잘 가르치는 사람과 잘 배우려는 사람이다. 여기에 좋은 환경도 있다면 금상첨화다. 특별히 누가 가르치는지가 중요하다. 잘 훈련된 양질의 말씀을 탈북민에게 가르치는 일이야말로 놓쳐서는 안 될 일이다.

성경에서도 잘 가르치는 사람이 교회 양육에서는 매우 중요하다고 강조한다. 그래서 목회 서신은 교회의 리더로 세워지는 임직의 기준으로 말씀을 잘 가르치는 사람의 중요성을 언급하고 있다(딤전 3:2, 5:17 참조). 그러나 탈북민을 양육하기 위해서는 더 중요한 사실이 있다. 잘 가르치는 기술보다 사랑으로 가르치는 것이다. 일만 스승보다 한 명의 참된 영적 아비와 어미가 중요하기 때문이다.

북한 사람을 섬기는 양육에서 제일 중요한 것은 무엇일까? 앞서 이석미 집사님 가족을 언급했던 것처럼 바로 사랑의 중요성이다. 그것은 우리의 사랑이 아닌 하나님의 거룩한 사랑을 의미한다. 그 헤세드의 사랑으로 탈북민들을 잘 가르치고 잘 배우게 하는 것이다. 특별한 교재보다 태도가 중요하다고 본다. 양육은 꾸준히 안정감 있게 하는 것이 중요하지, 일관성을 잃어버리면 안 된다.

특별히 탈북민에게 큐티 훈련을 강조하는 것은 정말 중요하다. 큐티를 통해 하나님과 동행하는 법을 알게 되고, 한 주간 묵상했던 큐티 나눔이 잘되어야 건강한 소그룹 나눔이 이루어지기 때문이다. 그래야 순장도 살고 순원들의 관계도 건강해진다.

이제 한 걸음 더 나아가 우리에게는 해야 할 과제와 숙제가 있다. 통일 이후에 한국 교회들은 하나님 나라의 비전과 교회 DNA를 가지고 북한의 교회 재건을 준비해야 한다. 교단과 개 교회를 넘어 하나님 나라의 차원에서 북한 사람들을 전인적으로 섬길 수 있도록 하나님 나라의 영역별로 준비가 되어 있어야 한다.

또 한 가지는, 북한과의 통일 이후 '차세대, 가족의 회복 프로그램'과 '컴패션'(어린이, 나무 심기) 사역에 관심을 가지고 준비해야 한다. 지금은 통일보다 통일 이후가 더 중요해지고 있다. 사람, 재정, 준비가 가장 중요하다. 그래서 '통일 후 10년 프로그램'을 패키지 키트로 만들 수 있을 정도로 체계적인 준비가 되어 있어야 한다.[50]

온누리교회 내에 많은 양육 프로그램들이 있지만, 이것들을 잘 분류해서 패키지화시킬 필요가 있다. 북한 상황에 맞게 연령대별로 전문화시킬 필요가 있다. 일례로 하나공동체에서 교회 양육 프로그램 가운데 탈북민을 체계적으로 양육해 본 것들은 다음과 같다.

큐티, 일대일, OBC(온누리 성경 공부[로마서, 갈라디아서, 요한복음, 이사야서 같은 양육 교재]), JDS(예수제자학교), 아버지 학교, 어머니 학교, 하나님의 가정 훈련 학교, 와이미션, 샤이닝 글로리(내적 치유) 등

---

50 통일소망 콘퍼런스 자료집, "교회 내 통일 선교하기"(2017), pp. 18-35.

결과는 어떠했을까? 한마디로 어떤 것들은 좋았고, 어떤 것들은 효과가 미비했다. 탈북민을 양육하는 사역자들에게 가끔 '왜 탈북민 양육은 쉽지 않을까'라는 질문을 많이 받곤 한다. 그것은 두 가지 문제라고 보는데, 하나는 특수한 탈북민 문화를 무시한 채 양육과 사역의 관계가 균형성을 잃어버렸기 때문이고, 또 하나는 피양육자와의 관계가 신뢰 있게 올바로 맺어져 있지 않았기 때문이다. 가르치기보다 먼저 친구가 되어야 한다. 그들보다 높은 우월의식을 가지고 탈북민을 가르치려 한다면 어떤 양육 효과도 기대하기 힘들다. 즉, 양육은 하는데 개인적 경험과 방법일 때가 많고, 눈높이 양육이 이루어지지 않기 때문이다.

이러한 의미에서 탈북민 양육은 양육 교재보다 가르치는 사람이 더 중요하다. 가르치는 자가 준비되어 있지 않은 경우가 많기 때문이다. 게다가 언어적인 문화 차이도 무시할 수 없다. 물론 양육 교재의 언어적인 혼란은 맞춤 교재를 만들면 탈북민의 양육을 돕는데 유익하다고 본다. 그러나 그보다 더 중요한 것은 영적인 태도와 사랑이다. 이를 위해 교역자나 영적 리더가 먼저 본이 되어야 한다.

9.
사역은 현장에서 가르치는
교육이다

| 사역 |

"내가 달려갈 길과 주 예수께 받은 사명 곧 하나님의 은혜의 복음을 증언하는 일을 마치려 함에는 나의 생명조차 조금도 귀한 것으로 여기지 아니하노라"(행 20:24).

고(故) 하용조 목사님께서 한국의 목회자들을 모아 놓고 설교하실 때 한 번은 이런 말씀을 하셨다.

"목회는 목숨을 걸어야 합니다. 목숨 걸지 않고 되는 일이 어디에 있습니까? 여러분은 목회에 목숨을 걸고 있습니까? 북한의 지하교회를 생각하시오. 그들은 생명을 걸고 예수를 믿습니다. 목숨을 거는데 무엇이 두렵겠습니까? 북한에서도 교회가 된다면 대한민국에서 목회가 왜 안 되겠습니까?"

세월이 갈수록 하 목사님의 설교가 더 의미심장하게 다가온다.

대부분 북한 사역을 하기 위해 자원하는 남한 사람들의 열정은 매우 뜨겁다. 북한을 위해 꾸준히 기도하다가 북한 지체를 만나면 가슴이 뜨거워져 헌신하려고 한다. 그런데 문제는 그들을 이해하기도 전에 사역부터 하려고 달려들곤 한다는 것이다. 그렇게 열정적으로 하다가 시간이 지나면 그들은 사역에 쉽게 지친다. 왜 그럴까? 북한 사역을 제대로 이해하지 못했기 때문이다. 그래서 북한 사역을 제대로 하려면 1-2년 정도 함께 예배드리는 것부터 시작해야 한다. 북한 사람들은 처음부터 마음의 문을 열지 않기 때문이다. 오히려 자신에게 잘해 주는 것을 부담스러워하며 신뢰하지 않는다. 하지만 생각해 보라. 그들은 사람에 대한 트라우마와 상처가 많은 사람들이다. 그런데 처음 오는 사람마다 그들의 북한 생활과 남한 생활에 대해 동어 반복적으로 묻는다. 그래서 질문 받는 것을 불편하게 느끼는 경우가 많다. 그들은 자신을 알고 싶어 하는 자들에게 쉽게 입을 열지 않는다.

이처럼 북한 사역을 할 때 주의해야 할 점은, 남한 사람들은 섬기고 싶어 하고 북한 사람들은 그것을 잘 받아 주지 못한다는 점이다. 따라서 이를 조절해 가며 교회나 공동체가 길을 만들어 주어야 한다. 다양한 사역 매뉴얼을 만들어 서로에게 도움이 되도록 해 주어야 한다. 이를 위해서는 사역에 대한 고민을 스스로 정리해 봐야 한다.

사역이란 무엇인가? 온누리교회에서의 사역은 크게 두 가지로 말할 수 있다. 책상에 앉아서 토론하는 성경 공부와 같은 양육과 현장에서 사역하면서 배우는 현장 학습이다. 이 두 가지가 한쪽으로 치우치지 않게 조화와 균형을 잘 맞추어야 한다. 이를 통해 자존감을 강하게 만들어 주어야 한다.

하나공동체에서 이런 사역을 경험했던 적이 있다. 탈북민들이 평소에는 그럭저럭 잘 지내다가도 명절이면 우울해진다. 그래서 명절에 이주민 노동자들과 같이 이들도 섬기자고 제안했다. 몽골 사람들이 즐겨 먹는 양고기 만두를 삶았다. 그리고 바비큐와 보쌈, 다과를 챙겨서 한 사람 한 사람 정성껏 섬겨 주었다. 탈북민들은 지금도 그때를 생애 최고의 명절이라고 생각한다.

북한 사람의 사역이 어려운 이유

내가 처음 하나공동체에 오게 되었을 때 한 집사님이 해 주신 말씀이다.

"북한 사역은 처음부터 사역하려 해서는 안 됩니다. 그들과 함께하는 훈련부터 해야 합니다."

"아! 그렇군요."

"많은 사람들이 북한 선교를 하겠다고 왔다가 얼마 못 가 지쳐서 떨어져 나갑니다."

시간이 지날수록 집사님의 그 말이 가슴에 와 닿았다. 지나고 보니 하나공동체 사역을 하며 정말 많은 사람들이 흐르는 강물처럼 지나갔던 것 같다. 그들 중에 남은 사람이 별로 없다. 왜일까? 남한 사람의 의욕이 너무 앞서기 때문이다.

북한 사역은 타문화 선교와 같다고 보면 된다. 예를 들어, 아프리카에 선교하기 위해 갔는데 그들의 언어와 문화도 모르고 그들과 관계를 맺지도 않은 채 한국 교회의 새벽기도부터 적용하려 한다면 큰 어려움에 봉착할 것이다. 오늘날 교회에서는 청년 사역, 청소년 사역조차도 타문화 사역이라고 말한다. 그만큼 그들의 언어와 문화를 먼저 배우지 못하면 복음을 전하기 어려워진다. 하물며 탈북민 사역이야 오죽할까.

하나공동체를 섬기면서 깨닫게 된 주의해야 할 점은 사람들을 골고루 동참시켜야 한다는 것이다. 북한 사역을 할 때 잘하려고만 하면 안 된다. 균형 있게 잘하는 것이 중요하다. 일을 잘하려고만 하면 잘하는 사람만 일을 시키고 잘 못하는 사람은 일을 시키지 않게 된다. 북한 사역은 잘하는 것보다 함께하는 것이 더 중요하다.

그러나 또 하나 간과하기 쉬운 것은, 북한 사람들을 끝까지 신뢰해야 한다는 것이다. 하나공동체에서도 남북한이 함께 사역을 하다 보니 사소한 것 때문에 일을 그르칠 때가 왕왕 있다. 그럴 때마다 서로 감정이 다치게 된다. 이 과정에서 탈북민들은 공동체의 인

정보다 남한 사람에게 무시당하는 느낌을 받기 때문에 그것을 제일 힘들어한다. 그들의 자존감이 많이 낮아져 있기 때문이다. 탈북민에게 작은 일이라도 맡기는 것이 중요하다. 이를 통해 '나는 당신의 도움이 필요합니다'라고 가르치는 것이 중요하다. 그래서 사역을 할 때 남한 사람처럼 빠르지 않더라도 천천히 기다려 주며 함께 갈 필요가 있다.

북한 지체들은 주 중에는 모임을 갖지 않는다. 아니, 아예 모일 수 없다는 공식이 있다. 각자 사는 곳이 멀고 생업이 바쁘기 때문이다. 그래서 이를 확인하기 위해 탈북민의 집을 가가호호 심방했던 적이 있다. 대중교통을 세 번씩 갈아타며 찾아가는 길이 정말 쉽지 않았다. 그러다 보니 모든 사역들이 소수만 모이게 되고, 그 결과 역동성이 떨어지는 것을 경험했다.

북한 선교 기도 모임도, 주 중 양육도 엄두를 못 내었다. 사역의 '사'자도 꺼내기가 쉽지 않았다. 하지만 실망하지 않고 가르치며 주 중 사역에 우선순위를 두어 강한 동기부여를 하자 하나둘씩 모이기 시작했다. 점차 탈북민도 은혜를 알고, 영적인 힘을 얻고, 남북한 지체들이 동역해 주니 모임이 잘 진행되기 시작했다.

이처럼 하나공동체는 남북한 사람들이 함께 사역을 한다. 그래서 더 어려울 때가 있다. 서로 다른 문화적 배경에서 살아온 이들이 함께하는 일은 쉽지 않다. 그만큼 소통이 중요하다. 탈북민은 북한 체제에 길들여진 사회주의식 집단생활에 익숙하다. 그래서 주체적, 능동적으로 사역하는 것을 꺼릴 때가 있다. 이때 남한 사람들은 북한 지체들에게 작은 것이라도 동참시켜 줄 필요가 있다. 그리고 실수하더라도 참아 주고 인내해야 한다. 탈북민들이 눈치를 보지 않고 일하게 해야 한다. 예수님이 보여 주신 삼위일체와 성육신적 사역의 원리에 따라 섬길 때 가장 좋은 열매를 볼 수 있다. 영적이지 않을 땐 사랑으로 따끔한 충고도 할 줄 알아야 한다.

북한 지체들은 저마다의 애끓는 사연을 가지고 있는 경우가 많다. 중국인 아버지와 북한 어머니 사이에 태어난 S**는 오랫동안 어머니와 떨어져 지내야 했다. 인생의 가장 예민하던 시기에 가족과 헤어져서 지내야 했던 것이다. 또한 J**는 조선족 K**와 결혼해 길림 지역이라는 곳에서 살다가 한국에 온 경우다. 이들은 상처가 많고 문화가 서로 달라서 부딪히는 경우가 많았다. 한 번은 중국 아웃리치를 위해 준비하던 바자회에서 서로 싸우던 일을 잊을 수 없다. 별것 아닌데도 소리를 지르며 오랫동안 비난하던 일을 기억한다.

하나공동체에서 나이가 제일 많은 할아버지가 있다. 원래 탈북 초창기 멤버인데, 정치적으로 많은 이용을 당했었기에 항상 정치 이야기에 민감하다. 쉽게 마음 문을 열어 주지 않는다. 그렇다고 그의 견해를 날마다 들어 주는 사람도 없다. 그래서 늘 외롭다. 이런 여러 가지 이유로 순 모임이 안 될만큼 힘들었는데, 작은 사역을 맡겨 주었더니 좋아했다. 작은 일이지만 정말 성실하게 감당해 주었다.

그때부터 성경 공부나 순 모임이 있을 때마다 북한 지체들에게 작은 일이라도 주체적으로 할 수 있도록 부탁하곤 했다. 소소하지만 마트에서 장을 보는 것도 함께하려 했다. 크리스마스, 추수감사주일 맞춤 전도 시에는 도전을 주어 북한 지체들을 전도하도록 시켰다. 평소에 연락하며 지내는 북한 지체들을 교회로 인도하는 것이었다.

역시 함께할 수 있는 모임을 자주 만드는 것이 좋다. 겨울에 김장 김치를 담근다든가 대학생들 기숙사에 반찬을 해 주고 쌀을 보내는 사역에도 동참시키는 것이 좋다. 탈북민들과 사역할 때는 늦게 가더라도 함께 가는 것이 매우 중요하다.

일평생 쓰임 받는 일꾼으로 양육하라

온누리교회는 평신도 중심의 사역을 지향하고 있다. 목사가 주도적으로 하는 것이 아니라, 평신도들을 잘 양육시켜 하나님 나라의 일꾼으로 세우는 것이다. 이런 의미에서 탈북민을 하나님 나라의 동역자로 세우려면 비전과 동기 부여가 매우 중요하다. 그리고 조화와 균형이 잘 이루어져야 한다.

북한 사람들을 대상으로 하는 양육과 사역은 동전의 양면과도 같다. 앉아서만 가르쳐서도 안 되고, 현장 중심으로만 사역을 해서도 안 된다. 양육을 잘 받고 훈련시키면 흘러넘치는 충만함으로, 사역자로 세워지게 된다. 그런데 제대로 양육을 받지 않고 현장으로 바로 투입되면 하나님의 일을 그르치게 되고 시험에 든다. 북한 선교에서도 이 점을 유의해야 할 필요가 있다.

성경은 사역에 대해 무엇을 말하고 있는가? 구약성경의 창세기는 진정한 사역자의 모습을 소개하고 있다. 아브라함의 늙은 종의 이야기다. 우리는 탈북민을 이렇게까지 훈련시켜야 한다. 그래야 통일의 날 북한에 교회를 재건하는 충성된 하나님의 일꾼이 될 수 있다. 그렇다면 어떻게 그들에게 사역을 가르쳐야 할까?

아브라함의 늙은 종은 창세기 24장에 등장한다. 이 시기는 아브라함이 나이가 들어 늙었을 때다. 본문은 늙은 종을 앞에 둔 아브라함이 아들 걱정을 하며 며느리를 찾는 장면에서 시작된다.

메소포타미아에서 나홀까지는 꽤 먼 거리다(1주일 이상). 그런데 그곳에 가서 주인의 아들을 위해 며느리를 구해 오라고 한다. 그것도 세상적인 이방 여인이 아니라 믿음이 신실한 여인을 말이다. 아브라함만 늙은 게 아니라 종도 늙었는데, 장거리 여행에 노구를 이끌고 가라고 한다. 설상가상으로 며느리를 구해 오라는 지시에는 확실성도 없다. 남자가 좋아도 여자가 싫다고 하면 그만이다. 자녀의 결혼 문제는 예나 지금이나 어려운 것 아닌가.

구약에서 아브라함은 거부로 묘사된다. 318명의 종을 거느리고 있었고, 많은 가축과 양 떼들이 있었다. 우물도 많았다. 그런데 아브라함은 왜 그 많은 젊고 유능한 종 가운데 하필이면 늙은 종을 가업을 잇는 중요한 임무에 사용했을까? 무엇이 늙은 종을 남들보다 특별한 요원(!)으로 쓰임 받게 했을까? 일평생 쓰임 받았던 늙은 종의 일곱 가지 특징을 살펴보자.

아브라함의 노종의 일곱 가지 특징

1) 그는 무명의 사람이었다

창세기 24장의 긴 구절들 가운데 이름이 없다는 것은 무엇을 의미하는가? 무명의 기간이 긴 것을 암시한다. 그러나 동시에 그가 일평생 광야에서 외치는 자의 소리처럼 말없이 행동했음을 의미하기도 한다. 소리는 나는데 형체가 없이 일했다는 의미다. 일을 하다 보면 어떤 사람은 빨리 성장하고, 어떤 사람은 더디 성장한다. 빨리 승진하고 성공하는 것이 좋은 것만은 아니다. 세상에는 처음부터 고속 승진하는 사람도 있지만, 대기만성형도 있다. 그러나 정말 중요한 것은 일평생 쓰임을 받을 수 있는가 아닌가에 있다.

요즘 우리 시대는 너무 이름(브랜드)을 알리고 떠들썩하게 홍보하면서 일한다. 그러나 진짜 영적인 사람은 예수님처럼 이름 없이 빛도 없이 한 알의 썩는 밀알처럼 일하는 사람이다. 자신을 희생하고도 자신을 전혀 드러내지 않는다는 것이다. 우리는 밀알까지는 좋왔는데, 퇴비처럼 추한 냄새를 풍기면서 일을 한다. 일을 다 한 후에 '나는 무익한 종'이라고 말할 수 있어야 진정한 영성 있는 사람이다. 사진 찍고, 나팔 불고, 고아원에서 냄새 풍기며 구제 봉사하지 말라.

> "너는 구제할 때에 오른손이 하는 것을 왼손이 모르게 하여 네 구제함을 은밀하게 하라 은밀한 중에 보시는 너의 아버지께서 갚으시리라"(마 6:3-4).

> "이와 같이 너희도 명령받은 것을 다 행한 후에 이르기를 우리는 무익한 종이라 우리가 하여야 할 일을 한 것뿐이라 할지니라"(눅 17:10).

2) 그는 늙은 종이었다

2절을 보라. 노인과 어른은 차이가 있다. 세상에서 '늙는다'는 것은 무엇을 말하는가? 세상에서의 늙음은 노화되고, 닳아서 도태되며, 더 이상 쓸모가 없어져 버림받는 것을 의미한다. 큰 슬픔이자 비애다. 그러나 성경에서의 늙었다는 말은 어른이 된다는 의미다. 백발은 의인의 영화라고 말한다. 노인은 지혜와 존귀함이 있다고 말한다. 이 세상과는 반대로 주인에게 일평생 쓰임 받았다는 것을 의미한다.

아브라함에게는 많은 종들이 있었을 텐데 왜 하필 늙은 사람을 선택했을까? 그에게는 젊은 사람에 비해 안정감과 노련함이 있었다. 그에게 나이는 숫자에 불과했다. 그는 잠시 반짝했다가 사라지는 사람이 아니라, 자기관리가 뛰어나 롱런할 수 있는 사람이었다. 100세 시대에 어떻게 하면 이렇게 쓰임 받을 수 있을까?

오늘날 현대인들은 불확실한 미래에 어떻게 하면 끝까지 일하며 살 수 있을까를 많이 고민한다. 정답은 영력으로 살아야 한다. 체력은 떨어져도 영력은 증가해야 한다. 겉 사람은 후퇴하지만, 속사람은 나날이 새로워져야 한다.

3) 그는 순종의 사람이었다

9절을 보라. 순종이란 주인 앞에서의 자세와 태도를 의미한다. 우리의 삶은 태도만 바꾸어도 그 내용이 달라진다. 순종은 권위자에게 자신을 낮추는 태도다. 아브라함의 늙은 종은 주인이 쓰기에 편한 사람이었다. 종은 자신의 권리보다 주인의 뜻을 생각한다. 사실, 그는 그의 주인이 합리적이지 않은 부탁을 했을 때 거절할 수도 있었다. 그러나 그렇게 하지 않았다. 일단 주인의 뜻을 받아들이고 어떻게 실행할지를 고민했다. 그는 자신의 생각을 앞세우기보다 주인의 생각에 우선순위를 둔 사람이었다. 자신과 주인의 생각이 달라도 갈등하지 않았다. 왜냐하면 이해하기 위해서 믿는 게 아니라, 믿기 위해서 이해하는 것이기 때문이다.

존 비비어는 순종을 다음과 같이 말한다. "순종할 수 없는 사람들은 성장 과정에서 권위의 문제가 있다." 사람은 권위를 벗어나 자유를 누리려 하지만, 하나님은 권위 아래에서 우리를 보호하려고 하신다. 평소에 불순종하던 사람도 자신이 창업하거나 높은 위치에 올라가면 자신의 말에 순종하는 사람을 쓰고 싶어 한다. 결혼하면 아내와 자녀에게 순종을 강요한다. 그런데 정작 본인은 하나님 말씀에 순종하지 않는다. 잘 순종하는 사람이 리더가 된다. 모세와 여호수아를 생각해 보라. 산삼은 이곳저곳에서 나지 않는다.

"지존자의 은밀한 곳에 거주하며 전능자의 그늘 아래에 사는 자여"
(시 91:1).

4) 그는 사명감이 강한 사람이었다

55-56절을 보라. 회사나 조직에서 일평생 쓰임 받는 사람에게는 사명감이 있다. 사명감이란 반드시 해내야 되는 목표/비전을 말한다. 사명이 있어야 성실하게 된다. 목표가 없으면 방종한다. 계획하지 않는 것은 실패를 계획하는 것이다. 아브라함의 늙은 종의 강한 사명감(목표의식)을 어디에서 확인할 수 있는가? 예를 들면, 그는 리브가를 만났고, 신붓감으로 그 부모의 승낙을 받아 냈다. 그때 브두엘과 라반이 며칠간 유숙하고 돌아가라고 했을 때 뭐라고 말했는가? 그는 정중히 사양하며 주인과 주인의 아들이 빨리 보고 싶어 하므로 먼저 가야 한다고 말했다. 늙은 종은 주인에게 기쁨의 소식

을 빨리 알리고 싶었다. 그는 일이 다 완성되어 쉬고 싶었음에도 쉬거나 놀지 않았다. 노구를 이끌고 주인을 기쁘게 하기 위해 쉬지 않고 주인집으로 달려갔다. 이것이 그의 영적인 자세였다. 우리에게는 이러한 사명감이 있는가? 다윗이 골리앗을 넘어뜨릴 수 있었던 이유는 평소 다윗의 사명감 때문이었다.

"다윗이 사울에게 말하되 주의 종이 아버지의 양을 지킬 때에 사자나 곰이 와서 양 떼에서 새끼를 물어 가면 내가 따라가서 그것을 치고 그 입에서 새끼를 건져 내었고 그것이 일어나 나를 해하고자 하면 내가 그 수염을 잡고 그것을 쳐 죽였나이다"(삼상 17:34-35).

5) 그는 기도의 사람이었다

14절과 27절과 45절을 보라. 도대체 아브라함의 노종은 어떤 사람이었기에 주인에게 끝까지 쓰임 받았는가? 그는 자신이 할 수 있는 노력과 최선을 다한 뒤 하나님을 향해서 늘 기도했다. 즉 기도하면서 사역하고, 사역하면서 기도했다. 믿음과 행위가 일치하는 사람이었다. 자신이 최선을 다하되 결과는 하나님에게 맡겨 드렸다.

미션을 수행하는 내내 노종은 긴장하며 마음으로 계속 기도했다. '오, 하나님. 돕는 손길을 만나게 하소서. 순조롭게 인도하소서. 리브가를 만나게 해 주소서. 주인의 마음에 맞게 하소서.' 우리는 직장에서, 가정에서 그리고 중요한 일 앞에서 이렇게 성실한 기도를 하고 있는가?

6) 그는 디테일에 강한 사람이었다

10절을 보라. 그는 주인의 부르심을 받고 일을 받았다. 그리고 대충대충 건성으로 일하지 않았다. 부르심을 받은 후 철저하게 기획하고, 주도면밀하게 계획을 세웠다. 그리고 꼼꼼하게 체크했다. 귀고리, 장신구, 말 열 필, 일꾼들까지 계획성을 가지고 일했다. 조금도 방심하지 않았다. 그래서 그 사명을 끝까지 완수할 수 있었다.

왕중추의 《디테일의 힘》(올림, 2011)이란 책에 보면 "닭 잡는 데 소 잡는 칼을 쓰라"는 말이 나온다. 작은 것이 큰 것을 만든다. 생각해 보라. 우리나라 최초의 우주 발사체인 나로호를 성공적으로 이뤄낼 수 있었던 것은 100-1=99가 아니라 0이라는 마음가짐이 있었기에 가능했다. 이처럼 훌륭한 작품은 장인 정신과 완성도, 그리고 디테일에서 나온다.

"너희 중의 누가 망대를 세우고자 할진대 자기의 가진 것이 준공하기까지에 족할는지 먼저 앉아 그 비용을 계산하지 아니하겠느냐"(눅 14:28).

우리가 일을 그르치는 때는 언제인가? 가장 전문적이고 자주 일을 해 보아 일이 익숙해질 때다.

7) 그는 주인 의식을 가지고 일했다

노종은 맡겨진 일을 할 때 자신의 생각이 아니라 주인의 기준을 가지고 일했다. 내 생각과 내 경험으로 일하지 않았다. '주인이라면 어떻게 하실까?' 늘 그의 생각과 기준을 고려하면서 일을 했다. 우리의 문제는 하나님을 믿지 않는 것이 아니다. 믿긴 믿는데, 내 방식대로, 내가 믿고 싶은 대로 믿는다는 것이다.

결론을 맺겠다. 아브라함의 노종은 어떤 사람이었는가? 한마디로 충성심이 강한 사람이었다. 그의 일곱 가지 성품의 요소가 하나가 되면 성령의 열매인 충성이 된다. 그는 늙은 나이까지 믿고 맡겨주는 것에 감사했다. 일할 수 있는 것이 너무 감사했다. 부르심에 사명감으로 넘쳤던 사람인 것이다. 큰일을 하든 작은 일을 하든, 하나님의 일을 귀히 여기며 사역을 감당했더니 주인이 더 큰일을 맡겨 주었다.

탈북민은 대부분 자신들이 남한 사회에서 저평가 받는다고 생각한다. 그렇다. 우리 시대는 분명 불평등과 일자리 문제, 취업난이 있다. 그러나 아브라함의 늙은 종과 같은 자세라면 평생 직장 생활을 할 수 있을 것이다.

아브라함의 늙은 종처럼 일평생 귀히 쓰임 받는 것이 성경적인 사역자의 모습이다. 탈북민과 남한 사람들이 함께 사역하는 것은 쉽지 않다. 그 어려움을 극복한 것이 하나공동체 15년의 역사였다.

북한 사역을 하면 생각보다 어려운 문제들이 많이 일어난다. 모든 이유가 불공평하고 남과 북을 항상 비교한다는 점 때문이다. 그것이 북한 사람이기에 무시하는 것 아니냐는 식이다. 그러나 사역의 방법론 때문이지, 그 외에 다른 문제는 아니었다.

이처럼 하나공동체 안에서도 통일을 꿈꾸지만 하나 되지 못하는 어려움을 만날 때가 많다. 어쩌면 늘 분열과 긴장이 있다고 보는 것이 솔직한 표현일 것이다. 이것은 해결될 문제가 아니라 해소돼야 할 문제다.

사역 TIP - **사역 훈련**의 결과

앞에서 살펴본 것처럼 탈북민을 양육할 때는 크게 두 가지 방법이 있다. 하나는 앉아서 하는 양육이고, 다른 하나는 현장에서 하는 양육이다. 은사가 무엇인지를 보고 은사에 맞게 사역하는 일이 중요하다. 또한 은사를 계발할 수 있도록 현장을 만들어 주며 기회를 주어야 한다. 그리고 운영위원회를 만들어 남북한 사람들이 공동으로 동역하고 책임지고 있음을 끊임없이 주지시켜야 한다.

탈북민 양육이 어려운 것은 분명한 사실이지만, 그들도 충분히 양육될 수 있다고 생각한다. 함께 앉아 가르치고 배우는 것도 중요하지만, 현장에서 사역하면서 성장하는 훈련도 필요하다는 것을 깨닫는다. 낮은 자존감을 가진 탈북민에게는 작은 것을 통한 성취

감과 인정받고 있음을 느끼게 하는 것이 중요하기 때문이다. 그들 각각의 은사를 발견해 주어 같이하다 보면 영적으로 더 성숙해지는 것을 보게 된다.

공동체가 중요한 이유는, 탈북민과 남한 사람이 연합해서 사역하다 보면 북한 사람들의 변화를 통해 남한 사람의 영성도 변화되는 경우가 많기 때문이다. 이러한 영적 훈련을 위해 과거에 해 왔던 하나공동체 사역을 살펴보면 다음과 같은 것들이 있다.

맞춤 전도 사역, 셔틀 사역, 나들이 사역, 병원 심방 사역, 반찬 사역, 기숙사 사역, 대안학교 사역, 쌀 보내기 사역, 안산 M센터 사역, 열린 수련회, 캠프 사역, 새가족 캠프, 체육 대회 등

어떤 사역이든 영적인 만남을 통해 내면의 변화를 가져올 수 있도록 기도하면서 준비할 필요가 있다. 한 가지 더 말하자면, 탈북민과 함께 사역할 때 주의해야 할 사항은 골고루 사랑해야지 좋아하는 사람에게만 일을 맡겨서는 안 된다는 점이다.

10.
복음의 실크로드

"내가 너희에게 분부한 모든 것을 가르쳐 지키게 하라 볼지어다 내가
세상 끝 날까지 너희와 항상 함께 있으리라 하시니라"(마 28:20).

어떤 탈북민들은 하나님 나라를 위해 먼저 남한 땅에 보내진 것
이라는 말을 불쾌하게 여긴다. 선교에 대해 두려움을 느끼기 때문
이다. 그들에게 거룩한 부담감을 주려는 것처럼 느껴 교회를 떠나
기도 한다. 이제 남한 사회에 정착하나 싶었는데 타문화권으로 나
가라고 하면 어떡하나 염려하는 것을 보았다. 특히 선교에 대한 강
의나 비전을 제시하면 별다른 반응을 보이지 않는 것이 일반적 현
상이다. 그런데 하나공동체에서 정반대의 일을 경험한 적이 있다.
그 경험을 통해 이것도 고정관념이라는 사실을 알게 되었다.

하나공동체 사역을 맡게 된 초기에 전체를 모아 놓고 탈북민과
대화를 나누었던 적이 있다. 가장 해 보고 싶은 것이 무엇인지를 물

었더니 해외 아웃리치를 가고 싶다는 말이 이구동성으로 나왔다. '대한민국 여권'을 가지고 아웃리치를 가 보는 것이 소원이라고 했다. 우리는 기도한 후 바자회를 준비했다. 그렇게 아웃리치를 준비해 가기 시작했다. 그리고 마침내 역사적인 중국 청도, 연태, 위해 지역으로 아웃리치를 다녀오게 되었다. 대한민국 국민의 상징인 대한민국 여권을 들고 처음으로 아웃리치를 다녀온 우리는 그 시간이 꿈만 같았다.

우리는 그곳에서 무엇을 했는가? 아웃리치 백서를 보면 다음과 같은 내용이 나온다.

거기서 토머스 선교사를 바라보며 다짐했다. 로마서 통독 세미나를 통해 복음의 사명을 붙잡았다. 그날 밤 호텔 세미나룸에서 북한 지체들이 뜨겁게 부르짖고, 북한의 고향땅과 통일의 날에 보게 될 가족을 위해 기도하던 시간을 결코 잊을 수 없다. 이제 한국에 다시 돌아가서 믿지 않는 탈북민들에게 복음을 전해야겠다. 그리고 교회에 데리고 나와야겠다. 북한 지체들에게 생생한 복음을 반복적으로 가르치는 일은 중요하다. 이것이 그들 신앙의 기틀을 잡아 주기 때문이다.

다음 해 아웃리치는 인도네시아로 갔다. 빈민촌에서 사역하는 선교사님과 무슬림권 사역지에 가서 이/미용 사역과 바자회 그리고 급식 사역을 했다. 이들은 자신을 차별 없이 봐 주는 곳을 처음

보았다며 후기를 남겼다. 그리고 태어나서 자신들보다 못사는 사람이 있다는 것을 처음 알았다고 말했다. 인도네시아 아웃리치부터는 남한 지체들의 도움을 받지 않고 탈북민 지체들만 참여하기 시작했다. 준비하는 내내 공동체가 강해졌다.

인생에 대한 고민으로 힘들어하던 H**를 스리랑카에 데려갔던 적이 있다. 아웃리치의 장점은 나의 세계를 벗어나 하나님의 세계를 접할 수 있다는 것이다. 결국 H**는 자신의 문제를 뛰어넘어 하나님 나라를 보고 큰 도전을 받았다.

불가능해 보였던 이스라엘 아웃리치는 류모세 선교사와 함께 다녀왔다. 하나공동체 팀장님, 배성국 형제와 이훈 형제의 주도로 팀을 꾸렸다. 한 사람이라도 더 보내기 위해 나는 가지 않았다. 류모세 선교사와 같이 보냈고, 요한복음의 메시지도 나누었다. 이들이 준비 과정에서 만든 백서도 감동적이었다. 이때부터 탈북민 지체들에게 자발적인 리더십을 보게 되어 너무 기뻤다.

사실 이 모든 사역들은 재정이 관건이었는데, 하나님이 놀라운 방법으로 채워 주시는 것을 보며 많은 사람들이 감동을 받았다.

북한 사람의 선교가 어려운 이유

북한 사역자들은 모든 사역을 오직 북한 선교에만 국한시킬 때가 있다. 그러다 보니 모든 포커스가 통일에 맞춰지곤 한다. 여기에는 자칫 통일이 모든 것의 우상이 되고, 우리 한민족 문제밖에 보지 못하게 된다는 한계성이 있다. 아무리 해외 선교에 대해 설명해도 잘 이해하지 못한다. 왜냐하면 그들은 실향민으로서 북한을 그리워하기 때문이다. 하지만 북한을 북한으로만 가둬 두는 것은 아무 의미가 없다. 오히려 그들을 세계 선교로 인도할 필요가 있다.

왜 탈북민에게는 선교가 어렵게 느껴질까? 어쩌면 북한 사람에게 선교는 아직 낯설고 생소할 수 있다. 하지만 선교의 대상인 그들도 언젠가 모두 고향에 돌아가 북한을 선교하고 싶어 한다. 우리는 나중에 통일이 되었을 때를 염두에 두고 2,500만 동포들에게도 선교의 비전을 심어 주어야 한다. 오늘은 나의 지역이지만, 내일은 세계 열방에 대한 꿈을 심어 줄 필요가 있다. 통일의 시기가 언제가 될지 모르기에 더더욱 지금부터 훈련해야 한다.

북한도 초신자 때부터 이러한 비전을 품게 해야 한다. 중국이 선교지였다가 최근 선교 중국이 되어 열방으로 아웃리치를 떠나는 것처럼, 북한도 복음의 씨를 뿌리다가 어느 날 세계를 섬기게 될 것이다. 나는 그러한 날을 고대하고 있다. 북한 사람들이 선교에 눈을 뜨는 그날을 바라보며 소망을 갖게 된다. 그들은 고난 속에서 강하게 연단 받았기에 하나님 나라의 선교에 귀하게 쓰임 받게 될 것이다.

북한 사람들에게 선교가 어려운 것은 그들이 아직 선교에 눈을 뜨지 못했기 때문이다. 그러니 이러한 소망을 생각하면 시작할 때부터 선교적 훈련을 강하게 시킬 필요가 있다.

나에게는 탈북민과 북한 사람들을 위해 꾸준히 해 오던 기도 제목이 있다. 탈북민 가운데서 온누리교회에서 파송하는 2000선교사와 TIM 소속 중장기 선교사가 나오길 소망한다. 이를 위해서는 와이미션 같은 프로그램을 통해 선교의 비전을 심어 주는 것이 매우 중요하다. 특히 하나공동체 안에서는 이런 선교의 비전을 가지고 조중 변경지역을 넘어 중국, 인도네시아, 무슬림, 이스라엘을 품으면서 기도하기 시작했다.

사랑과 희생으로 이어지는 선교의 배턴

온누리교회의 핵심 가치는 Acts29다. 사도행전 29장을 성령님과 함께 온누리교회가 써 나가서 하나님 나라를 이 땅에 세우자는 것이다.

왜 우리는 선교를 해야 하는가? 《나는 선교에 목숨을 걸었다》[51]에서 고(故) 하용조 목사님은 다음과 같이 말한다.

"우리는 선교사님들로부터 받은 사랑, 하나님의 사랑을 기억해야 한다.

---

[51]   하용조, 《나는 선교에 목숨을 걸었다》(두란노서원, 2008).

어려운 상황에서도 선교사들의 한국 사랑을 잊어서는 결코 안 된다."

조선에 온 외국인 선교사들의 선교 배턴을 북한 선교 사역이 이어 받아야 한다. 한반도는 분단되기 전 조선을 찾은 외국인 선교사들에게 갚을 수 없는 은혜의 빚을 졌다. 탈북민에게 선교란 무엇일까? 그것은 하나님의 은혜를 잊지 않게 하는 것이다. 선교란 하나님 나라를 위해 전부를 드리는 것이다.

대한민국은 세계 선교의 가장 큰 수혜국이다. 선교사가 이 땅에 와서 대한민국을 위대한 국가로 만든 것이다. 선교사들의 헌신이 아니었다면 오늘의 한국은 없었을 것이다. 오늘의 한국은 우리가 잘해서 이룩한 것이 아니라 하나님의 은혜다. 특히 우리는 선교사를 통해 세계적으로도 큰 축복을 받은 나라다. 그러나 우리는 하나님의 은혜를 잊고 살지는 않았는가?

100년 전 한국은 어떠했는가? 100년 전의 한국과 오늘날의 한국을 비교해 본 적이 있는가? 1885년 조선 말기의 상황은 말 그대로 비참했다. 의심, 가난, 무지, 우상, 국운이 쇠락해 가는 열강의 각축장이었다. 36년 동안 일제 식민지로 억압 속에서 지내다가 해방 이후 한국전쟁이 끝난 뒤의 대한민국은 국민 소득 60불의 아시아에서 가장 가난한 나라였다. 아프리카 가나보다 더 가난했던 나라였다.

1960년대라고 나아지진 않았다. 그 시기에도 우리는 필리핀보다 더 못살던 나라였다. 하지만 50년이 지난 뒤의 역사를 보라. 가나,

필리핀의 경제는 여전히 제자리 수준이다. 그러나 현재의 대한민국은 유럽 수준의 경제력을 가진 나라가 되었다. 인구 5천만을 가진 나라 가운데 이렇게 잘사는 나라는 전 세계에 고작 일곱 나라밖에 없다. 그것을 30년 만에 이룬 나라는 대한민국이 유일무이하다. 경제학자들이 이해하지 못하는 대목이다.

왜 하나님은 대한민국을 포기하지 않으시고 이렇게 사랑하시는 것일까? 무명의 작은 나라를 왜 이렇게 높이 세우시는 것일까? 그 하나님의 뜻을 잊어버리면 대한민국은 다시 옛날로 돌아갈 수밖에 없다. 지금 대한민국은 위기라고 말한다. 왜 위기일까? 은혜를 잊어버렸기 때문이다. 나는 대한민국의 기성세대가 이런 역경 속에서도 이 정도로 살았으면 꽤 잘 살았다고 본다. 이제는 우리 차례다.

신학생 시절 내가 가장 좋아했던 사람은 언더우드 선교사였다. 한국에 온 선교사들을 보면 특별히 헌신하는 사람들이 많았다. 언더우드 선교사는 2개월여에 걸쳐 미국 샌프란시스코에서 제물포로 들어왔다. 그는 겁이 많은 사람이었다. 광혜원에서 의사 알렌을 돕다가 피를 보고 두 번이나 기절했다고 한다.

시작이 반이라고, 대한민국이 이렇게 발전할 수 있었던 것은 최초의 훌륭한 선교사들이 있었기 때문이라고 생각한다. 언더우드 가문은 4대에 걸쳐 약 120여 년간 한국을 섬겼다(원두우-원한경-원일한-원한광 가족). 자신이 병들자 후손들이 다시 와서 한국의 재건을 도왔다. 그의 일가는 모든 선교사들의 모범과 기준이 되었다.

그는 미국 뉴브런즈윅 최고의 학부에서 최고의 성적을 낸 학생이었다. 원래 인도의 선교사로 헌신한 스물다섯 살의 언더우드는 소명을 깨달은 후 올트먼스 박사를 만나 감화를 받아, 당시에는 아무도 가지 않으려는 은둔의 나라 조선을 위해 자신의 삶을 헌신했다. 그는 북장로교 해외 선교사로 이 땅에 와서 시골 마을들을 돌아다니며 교회를 세우고 복음의 씨앗을 뿌렸다. 계산하거나 아까워하거나 인색하지 않았다. 좀 더 편하고 안전한 곳을 찾지도 않았다. 하나님을 위해, 조선을 위해 아끼지 않고 자신의 삶을 드렸다.

언더우드는 왜 멀고 험한 조선을 마음에 품고 시골 농어촌을 다니며 복음을 전했을까? 그것은 바로 하나님이 명하셨기 때문이다. 오늘날 기독교가 아무리 욕을 먹어도 부정할 수 없는 사실은, 언더우드와 같은 2천여 명의 선교사와 초기 교회가 오늘날의 대한민국을 세우는 데 중요한 공헌을 했다는 점이다. 그런데 우리는 그들을 잊어버렸다. 이제야 겨우 쓰레기장이었던 양화진을 서울시에서 양화진 선교사 묘역으로 조성한 정도다.

한국 교회는 왜 그렇게 선교에 열정적일까 생각해 본 적이 있다. 그것은 선교사들의 기독교 정신을 한국 교회가 여과 없이 몸으로 배웠기 때문이다. 이러한 언더우드의 정신은 과거 복음화 운동 시 학생들과 선교 단체들이 헌혈하고 피를 팔아 선교했던 것으로도 유명하다. 어렸을 때 들은 이야기로는 자식들은 못 가르치고 못 입혀도, 소 팔고 집 팔아 힘에 부치도록 교회를 세웠다고 한다. 그때 당시의 교회 건축은 모두 순수한 마음으로 헌신했던 기억이 있다.

7-8월이 되면 많은 교회들이 해외 아웃리치와 국내의 어려운 농어촌 교회를 섬기러 간다. 솔직히 말하면 성도들은 가기 싫어한다. 왜일까? 영혼 없는 헌신이 아웃리치를 이벤트 식으로 만들어 버렸기 때문이다. 일회적으로 끝나기 때문이다. 그러면 시골 교회는 또 어려워진다. 쇠락해 간다. 이는 마치 고아원에 가서 이벤트 한 번하고 사진 찍어 오는 것과 같은 식이다. 이런 아웃리치는 이제 지양되어야 한다.

대한민국 농어촌에 가 보면 삶의 질이나 수준은 서울보다 낮은 편이지만 경제적인 면에서는 나쁘지 않다. 그런데 교회는 어렵다. 열악하다. 너무 열악한 구조인데 그렇다고 특별한 해법이 있는 것도 아니다. 창의적인 방법을 만들어야 한다. 선교지와 국내 아웃리치 지역들을 돕는 데 있어 정답은 없다. 그러나 이는 헌신과 믿음의 문제라고 생각한다.

어느 날 성령님이 말씀하셨다. '내 너를 위해 피 흘려 죽었건만 너는 날 위해 뭘 하느냐?' 결국 나의 상대적인 헌신, 계산적인 헌신, 죽지 않으려는 헌신이 문제였다. 내 영혼을 위해 하나님이 계산하고 조건을 따지셨다면 나는 구원받지 못했을 것이다. 사랑은 무조건적이다.

이스라엘 백성의 참된 헌신

출애굽기에는 언더우드 못지않게 아름다운 신앙의 모습이 기록되어 있다. 이스라엘 역사 가운데 가장 아름다운 교회의 모습이 아닌가 싶다.

출애굽기 35장에는 참된 헌신의 의미를 설명하는 대목이 나온다. 하나님은 모세를 시내 산으로 올라오라고 하신 뒤 이스라엘 백성이 행해야 할 일들을 말씀해 주시는데, 십계명과 성막을 만드는 일, 그리고 그 일을 하기 위한 헌신자들을 모으라는 내용들이다. 모세는 하나님이 명하신 대로 순종해 이스라엘 백성을 모으고 하나님에게 들은 바를 그대로 전하게 된다. 이때 모세는 무엇을 말했으며, 이스라엘 백성은 어떻게 반응했는가? 이 모습 안에 하나님의 일은 어떻게 해야 하는지에 대한 방법론이 잘 나타나 있다.

먼저, 이스라엘 백성은 어떻게 하나님의 일에 헌신했는가? 출애굽기 36장의 말씀을 통해 살펴보도록 하자.

1) 여호와가 명령하신 대로

1절을 보라. 이스라엘은 질서와 공동체 영성, 체계적인 팀 사역을 했다. 이들은 자신의 생각이 아니라 여호와의 명령대로 사역했다는 것이다. 영적 리더십 아래 오케스트라처럼 질서 있게 하나님의 일을 한 것이다. 1절에는 여러 부류의 사람들이 등장한다. 다양성만 있는 게 아니라 통일성도 있다. 다양성만 강조해도 안 되고 통일성만 강조해도 안 되는데, 모든 것이 권위 아래 질서 있게 진행되었다. 탈북민도 하나님 나라를 위해 헌신할 때 이렇게 사역하고, 이렇게 섬겨야 한다.

2) 지혜로운 사람들

2절을 보라. 여기서 지혜로운 사람은 누구를 말하는가? 성경은 지혜로운 사람에 대해 다음과 같이 말하고 있다. "그 마음에 여호와께로부터 지혜를 얻고 와서 그 일을 하려고 마음에 원하는 모든 자"(출 36:2). 즉 하나님의 성령에 감동받은 사람을 말하는 것이다. 하나님으로부터 받은 지혜란 성령의 감동과 기름부음을 말하는 것이다. 다 준비가 되어 있더라도 기름부음이 없으면 사역을 그르치게 된다. 기름부음을 위해서 우리는 머물러야 하고, 기다려야 한다. 하나님의 임재가 느껴지지 않으면 사역을 멈춰야 한다. 하나님보다, 기도보다, 임재의식보다 앞서면 안 되는 것이다. 교회 개척을 위해 다 준비되었다 하더라도 성령의 임재가 없다면 교회가 무슨 기능을 하겠는가?

3) 이제 그만 가져오라

5절을 보라. 사람들이 너무 많이 헌신하므로 그만 가져오라고 한다. '이제 아웃리치 그만 오세요.' '그만 등록하세요.' '그만 헌금하세요.' '그만 기도하세요.' '이제 집안일이나 회사일, 공부도 좀 하세요.' 이것이 헌신이다. '어떻게 이렇게까지 할 수 있나?' 세상이 놀랄 정도로 헌신해야 한다. 시골 목사님과 성도들, 선교사님이 깜짝 놀랄 정도로 헌신해야 한다.

이제 국내외 아웃리치는 이벤트나 일회성이 아니라 지속적이어야 한다. 계속해서 위로하며 섬겨야 한다. 이것이 성경적인 헌신이다. 바로 언더우드가 한국에 그렇게 했던 것이다. 그는 계산하거나 따지거나 아까워하지 않았다. 하나님의 일은 그렇게 하는 것이다. 세상은 그럴 때 변한다. 세상을 아무리 섬겨도 변하지 않는 것은 헌신이 잘못되었기 때문이다.

비전을 가진 사람은 비전을 전염시킨다. 그래서 하나님은 비전의 사람을 찾으신다. 비전은 하나님에게 헌신된 자의 열정과 섬김을 통해 하나님의 은혜를 맛본 사람들에게로 확산된다. 그때 사람들이 자신의 일로 받아들이는 것이다. 하나님의 일이 자신의 일로 여겨지는 것이다. 은혜가 임하면 하나님의 말씀이 믿어지게 된다. 그때 주님에게 드리고 싶어지는 것이 헌신이다. 그냥 드리는 정도가 아니라, 넘치도록 드리고 싶어진다. 하나님을 사랑할수록 더 사랑하고 싶어진다. 하나님을 예배할수록 더 예배하고 싶어진다. 모세와 이스라엘 백성도 그러했던 것이다. 그들 모두에게 넘치는 헌신과 헌물을 드리고 싶은 마음이 생겼던 것이다.

하나님의 일은 이렇게 진행되는 것이다. 인색함이나 억지로 하는 것이 아니라 풍성하게 하는 것이다. 그때 일을 하던 사역자들은 너무 많이 가져와서 그만 가져오라고 말해야 했다. 있는 재료가 모든 일을 하기에 넉넉해서 남음이 있었다는 것이다. 하나님의 일은 이렇게 해야 한다. 그만 됐다고 말씀하실 때까지 시간과 물질, 재능과 은사 및 사랑을 드려야 한다. 그럴 때 하나님이 복을 주시며, 그럴 때 하나님이 그 일을 기뻐하신다.

헌신의 모범을 보이라

진정한 헌신을 알게 한 경험이 있다. 예전에 온누리교회 대학청년부와 샤이닝글로리, JDS를 섬길 때였다. 이 사역들은 매우 높은 헌신도가 요구된다. 일하다가 힘들고 지칠 때면 '꼭 이렇게까지 섬겨야 되나?' 하는 생각이 들곤 한다. 그럴 때마다 우리 속에서 '네, 그렇게 해야 해요'라는 대답이 떠오른다면 우리는 잘하고 있는 것이다.

부모 세대와 우리 세대 믿음의 차이는 바로 헌신의 차이다. 더 풍요로워지고 하나님에게 받은 은혜가 많은데도 하나님을 향해 드리는 것이 인색한 것이다. 눈멀고 병든 것, 저는 것, 쓰다 남은 것을 드린다. 그러니 하나님이 은혜를 거두어 가실 수밖에 없다. 하나님과 세상의 다른 일들을 비교해 보라. 자녀 일, 학교 일, 회사일은 그렇게 안 한다. 야근하며 밤을 새거나 시키지 않아도 내 일인 것처럼 기획회의를 한다. 그런데 교회만 오면 달라진다. 기준을 낮추고 적당히 한다. 그래서 우리 신앙이 병드는 것이다.

하나님의 일은 부족한 법이 없다. 반드시 하나님이 채우고 인도하신다. 내가 못하면 다른 사람들을 보내신다. 나는 한국 교회 초대 선교사 언더우드가 이러한 헌신의 모범을 보였다고 생각한다. 자신의 삶을 부정하고 하나님을 생각할 때 기쁨이 넘쳤던 것이다. 만약 언더우드가 생각을 잘못했다면, 자신의 젊음이 아깝고 모든 것이 자기중심적이어서 여호와의 명령대로 하지 않았다면, 오늘의 대한민국은 없었을 것이다.

감비아에서 사역했던 이재환 선교사님에게 물었다.

"어떻게 아프리카 오지에 선교사로 헌신하게 되었나요?"

"어느 날 주님이 말씀하시더라고요. 내가 왜 그곳을 가야 하는가 묻지 말고, 내가 왜 가지 못하는가를 물어보라고요. 생각해 볼수록 안 갈 이유가 없는 거예요. 어떤 특별한 은사가 있었던 것이 아니에요. 그래서 갔어요."

헌신은 특별한 사람이 하는 게 아니다. 어떻게 해서라도 아웃리치에 갈 생각을 해야지, 안 갈 생각을 하니까 문제인 것이다. 나는 하나공동체가 '국내외 아웃리치'에 넘치는 헌신과 기쁨으로 참여해 예수님을 바로 보여 주는 공동체가 되기를 원한다. 왜냐하면 교회는 개인뿐 아니라 선교를 하기 위해 부름 받은 사람들의 모임이기 때문이다.

탈북민 지체들에게 단기 선교나 아웃리치를 경험하게 하는 것은 매우 중요하다. 공동체를 견고히 세우고, 다양한 은사 발견과 좋은 리더십을 발굴할 수 있기 때문이다. 공동체 안에서 진정한 하나 됨을 경험할 수도 있다.

선교를 다녀오면 공동체에 응집력이 생긴다. 영적 리더십이 세워지고, 아웃리치 준비 과정에서 이뤄지는 기도와 띠 금식은 우리의 영성을 한 단계 높여 준다. 아웃리치는 또한 관계 훈련도 내포한다. 준비하면서 많은 문제들이 일어난다. 그래서 더 뜨겁게 사랑할 수 있다. 오지에 갈수록 이런 효과들이 나타난다. 무슬림과 타문화, 타종교 국가인 열악한 지역에 가 보는 것도 좋다.

과거 하나공동체에서는 탈북민이 대한민국 여권을 가지고 처음으로 해외 아웃리치를 경험하게 해 보았다. 해외 아웃리치는 탈북민에게 중요하다. 왜냐하면 아웃리치 가기 전 기도회와 다양한 준비 모임을 통해 영적으로 하나가 되기 때문이다. 그곳에서 차세대 리더십을 발굴할 수도 있고, 가기 전 같이 모여 많은 훈련을 받다 보면 선교지에서 특별한 은혜로 하나님 나라의 비전을 보게 되기도 한다. 그리고 공동체로 돌아오면 리더십이 계발되고, 영적 체질과 분위기 또한 좋아지는 것을 경험한다.

앞으로의 하나공동체 선교 비전은 탈북민 출신 선교사를 배출하는 것이다. 남한과 북한 지체들이 팀을 이뤄 같이 타문화 선교와 해외 아웃리치를 해 보는 것도 좋은 도전이 아닐까 생각해 본다.

11.
잃어버린 공동체를 찾아서[52]

| 공동체 |

"하나님을 찬미하며 또 온 백성에게 칭송을 받으니 주께서 구원받는 사람을 날마다 더하게 하시니라"(행 2:47).

하나공동체 안에는 "내일 당장 통일이 된다 하더라도 당황하지 말자"는 구호가 있다. 지금까지 준비해 온 대로 북한에 가서 통일 선교를 하자는 것이다. 즉 새로운 것을 가져가기보다 우리 스스로가 복음으로 잘 무장되고 훈련받아서, 온누리교회의 교회론과 목회 철학을 가지고 북한에 교회를 재건하자는 것이다.

통일이 되면 북한에 어떤 교회를 재건해야 하는가? 북한에 세울 성경적인 교회론과 목회 철학은 무엇이 되어야 하는가? 우리는 사

---

[52] 개인적으로 하나님 나라의 체험과 공동체의 경험을 알게 해 주는 것이 탈북민 사역의 핵심이라고 생각한다. 더 깊은 이해를 위해서 최성철, "공동체 안에서의 무관심", 《장신논단》, 2005. 12. 12. 참조.

도행전적인 공동체를 세우는 데 힘을 쏟아야 한다. 온누리교회는 사도행전의 교회론적 특징에서 그 답을 찾고 있다. 왜냐하면 온누리교회의 DNA가 그렇게 태어났기 때문이다.[53]

북한 사람들에게 하나님 나라와 교회가 어떤 곳인가를 가르치는 일은 매우 시급하고 중요하다.

북한 사람의 공동체 훈련이 힘든 이유

북한 사람들은 개인주의보다 공동체와 집단 훈련에 익숙해져 있다. 그러나 문제는 그 공동체 경험이 세상에서의 경험이라는 점이다. 성경적이지 못한 사회주의 체제의 경험은 문제가 많다. 그래서 그리스도 안에서 참된 공동체를 통해 진정한 사랑과 소속감을 느끼게 해 주는 것이 중요하다.

참된 공동체란 무엇인가

세상을 변화시켰던 초대교회의 공동체는 세상의 공동체와는 달랐

---

53   하용조, 《사도행전적 교회를 꿈꾼다》(두란노서원, 2010).

다. 하나님의 사랑이 충만한 아가페의 모습을 지니고 있었다. 그리스도의 한 몸처럼 지체의식을 가지고 다양성과 통일성을 나타내는 공동체였다. 함께 울고 함께 웃는 공동체였다. 예수님은 몸소 사랑을 실천하심으로써 하나님의 공동체가 무엇인지를 우리에게 보여주셨다.

참된 공동체는 세상을 변화시킨다. 그렇다면 성경에서 말하는 참된 공동체는 어떤 곳일까? 성경은 그 공동체가 이 세상의 유일한 소망이라고 말한다. 누군가가 말했다. 인생의 방황은 하나님을 만나면 해결되고, 신앙의 방황은 좋은 교회를 만나면 해결된다고 말이다. 《기독교 에센스》(한홍, 규장, 2014)의 교회 부분에 이런 내용이 나온다. 어떤 성도님이 근심거리가 없다고 해서 왜 그런지를 물었다고 한다. 그러자 사업 걱정, 자녀 걱정이 있었는데 좋은 교회를 만나니까 다 해결되었다며 지금은 너무 행복하다는 대답이 돌아왔다고 한다. 이처럼 믿는 자들에게 교회는 영혼의 고향과도 같은 곳이다.

세상에는 교파별, 지역별로 다양한 교회가 있다. 오늘날은 크기에 따라 대형 교회, 중형 교회, 소형 교회로 구분하기도 한다. 그러나 초대교회는 대형 교회가 아니었다. 이 말은, 원래 하나님이 의도하신 교회는 대형 교회가 아니라는 것이다. 예루살렘교회가 3천 명, 5천 명까지 성장했어도 그것은 가정교회였고 소그룹 형태였다. 대형 교회란 원래부터 존재하지 않았다. 산업화 시대에 특별한 기능 때문에 생겨난 교회일 뿐이다.

초대교회는 대부분이 노예 중심이어서 힘도 없고, 조직도 없고, 돈도 없었다. 이들은 고된 노동의 나날들을 보내던 계층들이었다. 그러나 사도행전은 이들이 2천 년 전에 세상을 놀라게 하고 로마를 변화시켰던 최초 교회의 원형이었다고 말한다. 이들이 하나님의 사랑으로 아무도 이길 수 없었던 철의 제국 로마를 변화시켰던 것이다.

이들은 어떻게 세상을 변화시켰던 것일까? 무슨 권력과 힘이 있었기에 세상을 놀라게 했던 것일까? 이유는 간단하다. 이들은 하나님을 경험하고 자신의 생명을 바쳐 교회를 섬겼기 때문이다. 이런 공동체가 오늘날에도 과연 존재할까? 이러한 사도행전적인 교회가 다시 세워질 수 있다면 교회는 어두운 세상의 유일한 소망이 될 것이다.

탈북민들 중에 가끔 교회에서 상처를 받아 떠나는 사람들이 있다. 교회를 자주 옮겨 다니는 것이 이들의 특징이다. 어떤 이들은 교회를 영원히 떠나기도 한다. 그들이 지적하는 것은, 어떻게 예수 믿고 하나님을 경험한 사람들이 서로 싸우고 윤리적으로 문제가 있을 수 있느냐는 것이다. 그러나 그것은 교회를 잘 몰라서 하는 말이다.

성경에는 눈에 보이는 교회와 보이지 않는 교회가 있다. 눈에 보이는 지상의 교회는 문제가 많다. 분열될 수 있다. 그러나 눈에 보이지 않는 영원한 교회의 원형은 변화될 수 없다. 에베소서에 보면 거룩한 신부의 교회 모습이 나타나는데, 그것은 점도 없고 흠도 없는 완전한 교회였다. 그 교회를 보며 개혁하고 갱신하고 훈련하라고 말하는 것이다. 초대교회는 10만 명이 모이는 대형 교회가 아니라 10만 개의 작은 세포로 구성된 유기적 순모임이었음을 기억해야 한다.

세상을 변화시킨 초대교회의 모습

교회는 교파, 사이즈, 크기, 재정이 아니라 '순'이다. 우리의 세포 하나하나가 모여 몸을 구성하듯이 교회 하나하나가 모여 하나님 나라를 이루는 것이다. 세상을 변화시킨 초대교회의 순은 어떤 모습이었을까? 어떤 라이프스타일과 어떤 삶의 방식을 가졌을까? 남북한이 모인 하나공동체가 이렇게 되길 기도한다.

1) 사도들의 가르침을 받았다
사도들의 가르침은 하나님의 말씀을 의미한다. 그것이 왜 중요한가? 권위와 기준이기 때문이다. 자기 맘대로 교제하거나 교회 생활을 하지 않았다는 것이다. 그들은 사도들의 말씀을 듣고, 기도와 성령 안에서 교제했다. 말씀을 들으면 순종하게 된다. 그러나 말씀을 안 들으면 불순종하게 된다. 하나님은 당신의 말씀을 듣고 순종하는 우리를 훈련시키고 인도하신다.

좋은 순 모임은 말씀을 가르치려 하지 말고 나누어야 한다. 말씀을 가르치는 것은 성경 공부 시간에 행해져야 할 일이다. 나눔이란 어렵고 힘든 순원들을 보듬어 속에 있는 아픔을 살피는 것이다. 그들의 이야기를 들어 주는 것이고, 중보하는 것이다.

말씀과 나눔, 다과가 적절하게 균형 잡혀야 한다. 이런 진정한 나눔이 없으면 빨리 집에 가고 싶고, 지루해진다. 새가족이 다시 찾아오고 싶지 않게 된다. 초대교회의 성도들은 주로 노예들이었음에도 일할 생각이 들지 않을 정도로 매일 모이기를 힘썼다는 것이다.

2) 기도하는 일에 전념했다

말씀을 잘 듣고 적용하면 기도하게 된다. 반면 잘 듣지 않으면 기도가 되지 않는다. 기도가 안 된다고 말하는 사람들이 있다. 그것은 이런 것과 같다. 영어를 배운다고 가정해 보자. 어학을 공부할 때 듣기와 말하기는 정비례한다. 어떤 사람은 듣기는 되는데 말하기가 안 된다고 한다. 그렇지 않다. 듣기와 말하기는 같이 간다. 듣는 만큼 말하는 것이다. 말씀의 은혜를 못 받는데 어떻게 기도가 되겠는가? 우리의 신앙생활이 말씀을 경청하는지, 기도는 잘 이루어지는지 점검해 볼 필요가 있다.

3) 두려움과 거룩한 임재를 경험했다

말씀을 듣고 기도하면 성령 안에서 거룩한 불이 임한다. 이러한 두려운 영광을 경험해 보았는가? 이것은 북한 정치범 수용소처럼 조작된 두려움과 위협(manipulated fear)이 아니다. 자발적인 경외와 순종을 의미한다.

두려운 영광은 하나님으로부터 임하는 것이다. 위로부터 오는 하나님의 임재다. 이는 헤븐리 터치(heavenly touch)를 말한다. 두려운 영광을 경험하면 압도되어 눈물을 흘린다. 성령님을 체험한다. 이전의 내가 아닌 새로운 중생의 삶이 시작되는 것이다. 이 땅의 삶이 아니라 하늘의 삶을 보게 되는 것이다. 속사람, 내면, 영혼의 혁명이 일어난다. 교회에서는 이것이 혁신이다. 이는 하늘 보좌가 내려오는 것과 같다.

하나님의 두려운 영광을 체험해 보았는가? 나는 열아홉 살에 선교 단체에서 이러한 변화를 경험하고 내 삶을 드리며 하나님에게 헌신했다. 이러한 하나님이 나의 삶을 인도해 주시고 책임져 주실 것 같았기 때문이다.

4) 날마다 함께했다

초대교회는 은혜 받고 혼자 생활하지 않았다. 어떤 탈북민은 선교지에서 훈련받았기에 자신은 개인적으로 잘 생활할 수 있다고 말한다. 주일에 안 나와도 잘 산다고 말하는 자들도 있다. 그러나 성경은 다르게 말씀한다. 그리스도인에게 왜 공동체 생활이 중요한가? 사랑은 혼자 할 수 없기 때문이다. 반드시 어떠한 대상과 사랑하고 섬기는 훈련을 받아야 한다. 공동체 안에서 교제와 훈련을 통해 믿음이 자라기 때문이다.

지금 우리나라는 소비자 중심의 사고가 지배하고 있다. 인간 편의주의, 콘서트, 극장, 엔터테인먼트가 강조된다. 오직 내가 중요하게 강조된다. 그러나 초대교회는 달랐다. 사도행전에 반복되는 단어가 있다. '서로, 같이, 함께'라는 공동체 용어다. 사람은 원래 개인주의 영성이 발달되어 있다. 이것은 코이노니아와 디아코니아를 의미한다. 그런데 이러한 거룩한 공동체 삶은 내 힘으로는 불가능하다. 거룩한 성령과 하나님이 오셔야 이렇게 이타적인 삶을 살게 된다는 뜻이다.

이처럼 초대교회는 공동체 영성을 추구했다. 할 수 있을 때까지 희생하고 손해 보는 게 공동체 영성이다. 혼자 가면 빨리 가지만 함께 가면 멀리 가게 된다. 공동체 안에서 소속감과 존재감을 가지고 신앙생활하기를 주님의 이름으로 축복한다.

5) 필요한 대로 나누어 주었다

초대교회의 세상을 변화시키는 힘은 어디에서 비롯되었는가? 성경은 이들이 구제와 봉사를 했다고 언급한다. 강요나 억지가 아닌 자발적인 헌신이 이루어졌다는 것이다. 자신의 재산을 팔아 가난하고 소외된 자를 섬겼다. 이것은 무엇을 의미하는가? 원래 죄성이 있는 우리는 내 가족, 내 자녀, 내 남편, 나밖에 생각하지 못한다. 그런데 이기적 유전자가 성령을 체험하고 나서 변화된 것이다. 은혜를 받으면 나를 위해 살지 않고 하나님과 이웃을 보게 된다. 하나님을 위해 살게 된다.

나만 생각하는 사람은 국내외 아웃리치에 갈 수 없다. 나만 소중한 사람은 이타적인 삶을 살 수 없다. 그러나 성령이 오시면 나의 마음을 변화시켜 주신다. 이제부터는 탈북민도 나만 생각하는 것이 아니라 나보다 더 어려운 외국인 노동자들을 섬길 수 있어야 한다. 성령은 나보다 어렵고 힘든 자들을 보며 긍휼한 마음을 품게 하신다.

6) 한 마음으로 모이기에 힘썼다

그들은 왜 그렇게 매일, 매 시간 보고 싶어 하고 만나기를 원했을까? 그 예배, 그러한 순 모임, 그러한 공동체에는 세상에 없는 평안과 내적인 기쁨이 있기 때문이다. 무엇이 그토록 사랑하게 했을까? 건강하지 않은 교회와 가정은 늘 분열과 다툼이 있다. 사랑의 언어가 없다. 말의 온도가 냉소적이다. 상처투성이다. 그러나 성령님이 오시면 분열과 나눔과 다른 생각이 하나가 된다. 다양성과 통일성이 있다. 획일성과 연합됨이 있다. 속에 감춘 것도 나누면 다 용납해 준다. 그래서 초대교회는 모이기에 힘썼던 것이다.

성령에 취하면 예배에 안 가는 것이 더 고통스러워진다. 하나님은 하나공동체에서 그러한 공동체의 모습을 기대하신다. 탈북민이 모일 때마다 이러한 경험을 해야 한다.

7) 세상을 놀라게 했다

초대교회의 그리스도인들은 하나님의 임재를 경험하고 새로운 사회, 새로운 공동체를 이루었다. 세상이 감당할 수 없는 생활의 모습을 가지게 되었다.

요즘 교회는 스캔들로 세상을 놀라게 하지만, 초대교회는 하나님의 사랑으로 세상을 변화시켰다. 예수님에게는 꿈이 있었다. 이 세상을 구원하는 꿈이었다. 그런데 어떻게 이 미션을 이루셨는가? 대형 교회가 아니었다. 단 열두 명의 소그룹이었다. 그 열두 명의 사람이 또 다른 사람을 제자로 세워 나갔다. 그들은 민들레 홀씨처럼 전 세계로 확산되며 치유와 회복의 공동체를 만들었다.

많은 사람들이 보기에 온누리교회는 대형 교회 같지만, 그 구조를 들여다보면 작은 교회다. 주 중에 모이는 친밀한 소그룹 교회를 중심으로 역동적으로 모이기 때문이다. 탈북민에게 이와 같은 하나님을 경험하는 진정한 공동체, 순 모임이 있는가?

왜 요즘에는 그리스도인들의 삶과 교회 공동체 안에서 불미스러운 일들이 일어날까? 내부적으로 보면 참된 공동체 영성을 잃어버렸기 때문이다. 즉 자신의 죄와 허물을 마음 편하게 나눌 수 있는 공동체가 사라져 버렸기 때문이다. 보호해 주고 죄를 위해 중보해야 할 공동체 모임이 없기 때문이다. 오히려 모일 때마다 나눔에서 가면을 쓰고 이중적으로 신앙생활하는 사람이 많아졌기 때문이다. 그러나 초대교회는 달랐다. 그곳은 성도들 내면의 외로움과 고통, 슬픔과 눈물을 나눌 수 있는 공동체였다. 그렇게 해서 초대교회는 세속의 물결을 이겨 낼 수 있었고, 승리했던 것이다. 그것은 순 모임이 건강했기 때문이다

탈북민의 영성은 어떤가? 초대교회와 가까운가, 아니면 이들과는 거리가 멀게만 느껴지는가? 우리는 말씀을 배우고, 속한 공동체를 위해 기도해야 한다. 이제 더 이상 초대교회로 돌아갈 수는 없지만, 그 정신으로 살아야 한다. 모이기에 힘쓰는 초대교회의 원형의 모습으로 가야 한다.

우리는 다시 초대교회의 영성을 가진 공동체에 가 보고 싶은 기대감으로 살아야 한다. 공동체가 건강하면 신앙이 건강하다. 반대로 공동체가 병들면 교회도 병들게 되어 있다. 순장과 순원들이 서로 열심히 사랑하고 세워 주어야 한다. 다락방이 건강해야 한다. 다시 영적인 습지와 영혼의 생태계를 이루어야 한다.

결론적으로, 탈북민을 교회의 본질인 예배, 양육, 사역, 선교, 공동체의 영역에서 전 방위적으로 섬기는 것이 매우 중요하다. 이것을 구체적으로 그들의 눈높이에 맞게 가르쳐야 한다. 시간이 걸리더라도 이들의 내면이 하나님의 형상으로 회복될 때까지 사랑으

로, 삶으로 가르쳐야 한다.

앞으로 다가올 통일을 어떻게 이룰 것인가? 개인의 힘으로는 불가능할 것이다. 통일 공동체는 쉽게 만들어지지 않고 대가와 책임이 따른다. 하지만 믿음으로 시작하면 성령님이 도와주시고, 우리가 이러한 공동체 훈련을 경험하면 참 신비한 변화가 일어난다. 영적인 역동성이 생기기 시작하는 것이다. 이처럼 하나공동체는 언제나 탈북민과 남한 사람들에게 개인 영성이 아닌 공동체 영성을 반복적으로 가르치곤 한다.

공동체의 영성을 가장 탁월하게 보여 주는 예가 마가복음 2장에 기록되어 있다. 바로 중풍병자와 그의 네 친구 이야기다. 예수님이 가버나움에서 사역하실 때 많은 사람들이 예수님에게 나아왔다. 반면 중풍병자는 자신의 힘으로 예수님 앞에 나아갈 수 없었다. 마침내 네 사람이 중풍병자를 들것에 실어 예수님 앞에 데리고 나왔는데, 이럴 수가! 문 앞으로 들어갈 수가 없었다. 그때 네 사람은 포기하지 않았다. 오히려 빅 아이디어를 내어 어떤 사람은 사다리를, 어떤 사람은 동아줄을, 어떤 사람은 톱과 연장을 가져와 그 사람이 예수님을 만나기 위한 위대한 미션을 수행했다. 이에 대해 마가복음 2장은 이렇게 말씀한다. "그들의 믿음을 보시고."

왜 이신칭의의 복음을 강조하는 예수님이 그들의 행위, 공로, 노력에 감동을 받았다고 말씀하신 것일까? 이것은 성경과 어떻게 조화를 이루어야 할까? 그것은, 그때만큼은 삼위일체 하나님의 공동체적인 연합처럼 이들의 마음과 중풍병자의 마음과 예수님의 긍휼이 하나가 되었다는 뜻일 것이다.

개인적으로 마가복음 2장이야말로 탈북민 사역의 핵심을 보여 준다고 생각한다. 북한을 섬기는 사역자들이 하나 되어 연합한다면 스스로 주님 앞에 나아올 수 없는 이들, 곧 탈북민들에게 좋은 복음의 접촉점을 줄 수 있다고 생각한다.

이러한 하나 됨의 능력은 에베소서 4장 1-5절에서도 나타난다. 바울은 참된 하나 됨을 만들기 위해 공동체 멤버들이 서로 힘써 지켜야 할 덕목들이 있다고 가르친다. 첫째, 겸손해야 한다. 둘째, 온유해야 한다. 셋째, 오래 참음이 있어야 한다. 넷째, 공동체 생활을 하다 보면 용서가 필요하다. 그때 우리는 사랑 안에서 서로 용납해야 한다. 다섯째, 평안의 매는 줄로 성령의 하나 되게 하신 것을 지켜 내려는 노력이 필요하다. 그만큼 마귀는 하나님의 백성이 하나 되면 강력해지는 것을 알고 있기에, 어떻게 해서든지 분열과 다툼을 일으켜 갈라서게 만들려고 한다.

이것이 그리스도인의 성숙이다. 성숙한 교회와 성령 충만한 교회가 이렇게 할 수 있는 것이다.

북한 사역을 하며 안타까운 것은 하나 됨이 쉽지 않다는 점이다.

물도 하나 되면 강철을 뚫는다는 것을 〈세상에 이런 일이〉라는 TV 프로그램에서 본 적이 있다. 북한 지체들에게 이러한 참된 공동체를 경험하게 하는 것이 교회다. 이러한 공동체를 경험하는 것이 세상을 이기는 능력이 된다.

나는 이것이 탈북민의 복음화와 양육 방법론이 되어야 한다고 생각한다. 북한 사역은 결코 한 개인이 감당할 수 없다. 공동체가 팀 사역으로 해야 하며, 서로 연합하고 하나가 될 때 새 생명을 낳을 수 있게 된다. 하나공동체는 지치지 않도록 팀 사역을 강조한다. 혼자 할 수 있어도 남북한이 함께하는 것을 원칙으로 한다. 그래서 탈북민 사역은 기도 없이는 불가능하다. 하나님이 도와주셔야 한다.

12.
덩케르크와 리즈 하월즈

| 기도 |

"그가 내게 대답하여 이르되 여호와께서 스룹바벨에게 하신 말씀이 이러하니라 만군의 여호와께서 말씀하시되 이는 힘으로 되지 아니하며 능력으로 되지 아니하고 오직 나의 영으로 되느니라"(슥 4:6).

"기도하지 않고 성공하면 성공한 것 때문에 망한다." 이것은 스펄전 목사님이 기도에 관해 즐겨 하시던 말씀이다. 나는 이 말을 참 좋아한다. 기도에 대한 너무나도 적절한 표현이기에 모든 그리스도인들이 심비에 새겨야 할 말씀이라고 생각한다.

탈북민 사역은 잘되는 것 같다가도 쉽게 기초가 무너지는 등 전혀 예상하지 못하는 일들이 생겨난다. 심지어 교회를 안 나오고 세상에서 방황하는 제자들도 많다. 탈북민 사역은 왜 이렇게 힘이 드는 것일까? 답은 하나다. 북한 사역자로 하여금 기도하게 하기 위함이다.

오랫동안 탈북민들을 구출해 오신, 탈북민의 대부라 불리는 최광 선교사님을 만난 적이 있다. 그분과의 대화가 아직도 기억에 선하다.

"김 목사님, 반갑습니다."

"탈북민 사역 많이 힘드시죠?"

"힘들지만 요즘 나는 탈북민에게서 소망을 봅니다."

"왜요?"

"하나님이 탈북민에게도 성령을 부어 주고 계시기 때문입니다. 제 사역에서 요즘처럼 탈북민 사역이 내 힘으로 되는 것이 아님을 뼈저리게 느꼈던 적이 없습니다."

탈북민 사역의 대부라는 분이 이렇게 말하는 것을 보면, 북한 사역이 얼마나 쉽지 않은지를 알 수 있다.

북한 사역은 왜 이렇게 힘이 드는 것일까? 그것은 하나님을 의지하기보다 내 힘으로 북한 사역을 섬기려 해 쉽게 지치기 때문이다. 그래서 사역을 잘하다가도 작은 문제에 부딪히면 쉽게 포기하고 도망간다. 하나님이 주신 사명인 줄 알면서도 힘들어서 도망가고 싶은 것이다. 그만큼 북한 사역은 북한 사람만이 아니라 남한 사람에게도 쉽지 않은 사역이다.

내가 처음 하나공동체에 왔을 때 많은 사람들이 도망갈 준비를 하고 있었다. 미안해서 자리만 지키고 있었는데 새로운 목회자가 왔으니 사역을 내려놓아도 되겠다는 생각을 한 것이다. 그런데 나도 수년간 사역을 하다 보니 그 심정이 이해가 되었다. 많은 사역을 병행하면서 나도 모르게 지쳤던 것이다. 그런데 한 번 지치니 쉽게 회복되지 않았다. 그때 나를 일으켜 세운 결정적인 힘은 탈북민 지체들의 기도와 위로였다. 그들이 우리 집까지 와서 기도하며 위로해 준 것을 통해 사역이 무엇인가를 온몸으로 깨달았다. 그렇다. 사역은 혼자 하는 것이 아니다. 콩나물시루에 물을 주면 다 빠져나가는 것 같지만 콩나물이 쑥쑥 자라는 것처럼, 이들도 남한 성도들이 섬긴 사랑의 물기를 머금고 어느새 이만큼이나 자라고 있었던 것이다. 그래서 하나님의 일은 내 힘으로는 안 되는 것이다.

이처럼 북한 사역은 내 힘을 빼야 한다. 그리고 무엇을 하든지 그들과 함께하는 훈련을 해야 한다. 그래야 북한 사람을 이해하고 사역을 배우겠다는 겸손한 마음이 생기기 때문이다. 그렇지 않고 사역에 욕심을 내다 보면 사랑하는 마음 없이 사역만 하려는 것과 다를 바 없다.

북한 사역은 내 힘으로 절대 이루어지지 않는다. 그것을 알 때 새로운 통찰력이 생기게 된다. 한 사람을 제자로 세우는 일은 매우 힘들다. 그렇게 되면 한 영혼이 얼마나 소중한가를 이해하게 된다. 그래서 그 영혼을 놓고 하나님에게 기도하는 일이 중요하다.

유홍준 교수의 《나의 문화유산답사기》(창비) 서론은 어느 조선 시대 문인의 글귀를 인용하고 있다.

"사랑하면 알게 되고 알게 되면 보이나니 그때 보이는 것은 전과 같지 않더라."

북한 사역을 섬기는 자의 마음에 하나님의 사랑이 부어져서 기도하고 섬길 때 그들의 모습도 이전과는 다르게 보이기 시작할 것이다.

북한 사람이 기도하기 어려운 이유

북한 사람이 기도하기 어려워 하는 것은 하나님에 대한 개념이 약하기 때문이다. 유물론과 주체사상에 세뇌되어 누군가를 의지하는 것은 나약한 인간론이라고 교육받아 왔기 때문이다. 그러나 하나님은 창조주이시고, 그분은 우리와 인격적으로 대화하길 원하시며, 우리의 기도에 응답하시는 분임을 가르칠 필요가 있다.

북한 사람들은 폐쇄된 사회주의 국가에서 태어나 자라면서 한 번도 하나님과 영적인 사귐을 가져 보지 않았기 때문에 기도라는 것이 쉽게 이해되지 않는다. 북한 주민들은 김일성 어버이 수령 동지가 식량 배급을 통해 사람을 통제했기 때문에 김일성의 주체사상 및 영도체제는 절대적이라 할 수 있다. 반면 유물론적 사상에 입각해서 종교에 대한 선입견과 편견이 강하기 때문에 이들이 영적인 체험을 하기란 쉽지 않다. 그러나 탈북민도 성령의 체험을 필요로 한다.

얼마 전 러시아 벌목공 출신 Y** 형제의 간증을 들은 적이 있다. 이 형제는 강하고 급한 성령 체험을 해서 남한에 오기 전부터 신앙이 뜨거웠다. 그리고 한 영혼에 대한 사랑과 선교에 대한 열정이 강한 것을 볼 수 있었다. 그를 통해 알게 된 것은 누구에게 기도 훈련을 받느냐가 중요하다는 사실이었다. 그는 열악한 환경에 있었지만, 선교사님의 중보와 기도를 통해 래디컬한 훈련을 받을 수 있었다. 그래서 그의 가슴에는 북한과 세계를 향한 하나님의 뜨거운 눈물이 있다. 이제 그는 잃어버린 북한 사람들을 남한으로 데리고 오기 위해 사도 바울과 같은 심정으로 전 세계를 다니고 있다.

북한 사람들이 기도하기 어려운 또 다른 이유는 기도 자체를 시작하기가 어렵기 때문이다. 또한 기도의 참맛을 모르기 때문이다. 따라서 남한 사람들이 북한 형제자매들과 함께 기도의 자리에 있는 것은 매우 중요하다.

북한 사람에게 진정한 기도란 무엇인가

달걀에는 무정란과 유정란이 있다. 겉으로 보기에는 비슷하지만, 하나는 생명이 없고, 하나는 생명이 있다. 그리스도인에게 기도도 그와 같다. 기도하는 사람은 생명이 있다. 기도가 없는 그리스도인은 건강하지 못하다는 증거다. 건강한 사람은 숨 쉬는 것이 자연스럽기 때문이다. 기도는 그리스도인들에게 호흡과 같다. 그러나 영혼의 호흡은 일반인은 할 수 없다. 기도란 영적으로 거듭나서 생명이 있는 영혼들만이 할 수 있는 것이다. 그래서 북한 지하교회의 실화를 바탕으로 만든 영화 〈48미터〉에서 목숨을 잃게 되는 상황에서조차 기도하는 지하교회 교인들을 볼 수 있다.

일단 탈북민도 교회에 처음 오게 되면 십자가의 복음을 듣고 그리스도인으로 거듭남을 체험한다. 진실한 마음으로 회개한 영혼들에게는 반드시 삶의 변화가 따른다. 여자의 몸에 임신이 되면 변화가 일어나듯이, 영적인 새 생명은 반드시 하나님과 깊은 교제와 대화를 하고 싶은 열망이 생긴다. 그것이 목마름이다. 탈북민에게 기도하는 훈련을 시켜야 하는 이유가 여기에 있다. 작은 것부터라도 기도하며 하나님과 동행하는 법을 가르쳐야 한다.

기도하는 한 영혼이 기도 없는 한 민족보다 낫다

7월 17일은 대한민국의 법이 만들어진 제헌절로 알려져 있다. 대한민국 첫 국회는 기도로 시작하며 출발했다. 대한민국 임시 의장 이승만은 이렇게 말했다.

"대한민국 독립민주국 제1차 회의를 여기서 열게 된 것을 우리가 하나님에게 감사해야 할 것입니다. 종교, 사상 무엇을 가지고 있든지, 누구나 오늘을 당해 가지고 사람의 힘으로만 된 것이라고 우리가 자랑할 수 없을 것입니다. 그러므로 하나님에게 감사를 드리지 않을 수 없습니다. 나는 먼저 우리가 다 성심으로 일어서서 하나님에게 우리가 감사를 드릴 터인데 이윤영 의원 나오셔서 간단한 말씀으로 하나님에게 기도를 올려 주시기를 바랍니다."

이에 이윤영 의원이 국회에서 일어나 다음과 같이 기도했다.

"이 우주와 만물을 창조하시고 인간의 역사를 섭리하시는 하나님이시여, 이 민족을 돌아보시고 이 땅에 축복하셔서 감사에 넘치는 오늘이 있게 하심을 주님께 저희들은 성심으로 감사하나이다. 오랜 시일 동안 이 민족의 고통과 호소를 들으시사 정의의 칼을 빼서 일제의 폭력을 굽히시사 하나님은 이제 세계만방의 양심을 움직이시고 또한 우리 민족의 염원을 들으심으로 이 기쁜 역사적 환희의 날을 이 시간에 우리에게 오게 하심은 하나님의 섭리가 세계만방에 현시하신 것으로 믿나이다. (중략) 원컨대, 우리 조선 독립과 함께 남북통일을 주시옵고 또한 민생의 복락과 아울러 세계 평화를 허락하여 주시옵소서. 거룩하신 하나님의 뜻에 의지하여 저희들은 성스럽게 택함을 입어 가지고 글자 그대로 민족의 대표가 되었습니다. (중략) 역사의 첫걸음을 걷는 오늘의 우리의 환희와 우리의 감격에 넘치는 이 민족적 기쁨을 다 하나님에게 영광과 감사를 올리나이다. 이 모든 말씀을 주 예수 그리스도 이름 받들어 기도하나이다. 아멘."

오늘날 기독교가 많이 쇠퇴하고 반기독교적 정서가 팽배하지만, 현재 대한민국은 하나님의 섭리와 주권, 정치인들의 기도로 세워졌음을 부정할 수 없다. 그 당시 가난과 무지 속에 있는 은둔의 나라, 전쟁의 잿더미에서 위대한 대한민국을 세운 것은 하나님의 주권과 섭리라고밖에 달리 설명할 길이 없다. 우리가 정치를 잘해서, 경영을 잘해서 여기까지 온 것이 아니라 하나님이 베풀어 주신 구원의 은혜였던 것이다. 우리는 하나님이 주신 구원을 당연하다고 보아서는 안 된다. 당연하지 않은 것을 당연하게 여기는 것은 하나님을 잊어버리게 하기 때문이다. 오늘도 하나님은 자기를 찾는 자들을 위해 구원을 베풀고 계신다.

성경에서 유독 에스더서에는 하나님의 주권과 섭리의 사건들이 나타난다. 이를 통해 역사의 주관자는 하나님이라는 사실을 선포하고 있는 것이다. 그 당시 페르시아는 3대에 걸쳐 대제국을 형성한 나라다. 최초의 선왕인 고레스는 바벨론을 멸망시켰다. 고레스의 아들 캄비세스는 이집트를 정복했다. 그리고 캄비세스의 아들 다리오는 인도를 정복했다. 그리고 다리오의 아들 아하수에로는 3대에 걸쳐 정복한 에티오피아-이집트-인도에 이르는 세계 대제국을 다스리게 되었다.

에스더서에 보면 아하수에로 왕은 왕이 되자마자 권위를 세우기 위해 페르시아 전체 대표들을 모아 180일 동안 잔치를 벌이게 된다. 일반적으로 세계를 정복한 왕들은 전쟁을 통해 자기 권위를 내세웠는데, 아하수에로는 그리스와 살라미스 해전을 벌이다 대패하게 된다. 떨어진 군사의 사기를 만회하려고 배설한 잔치에서 그만 아름답지만 교만했던 왕비 와스디조차 왕의 자존심에 흠집을 내고 만다. 우유부단한 아하수에로 왕은 신하들을 통해 정치적 결정을 내리는 사람이었다. 그래서 하만처럼 페르시아 1년 재정의 3분의 2에 해당하는 뇌물을 통해 왕의 기분을 좋게 만들어 판단을 흐리게 하는 자들도 많았다.

아하수에로는 백성들의 인정도, 영토의 확장도 이루지 못한 상태에서 와스디를 몰아내고 새로운 왕비를 뽑아야 했다. 이러한 상황에서 실세였던 하만은 모르드개가 자신에게 절하지 않은 것으로 인해 기분이 상하게 된다. 그래서 페르시아에 사는 400만 유다인을 멸절하고자 한다. 하만에 의한 그 법은 왕의 인장으로 11개월 뒤 집행될 예정이었다.

이때 하나님의 사람 모르드개가 베옷을 입고 에스더에게 말하자 에스더는 "죽으면 죽으리이다"는 각오로 금식 기도와 합심 기도를 부탁한다. 에스더는 용기와 지혜를 가지고 하만의 음모를 제거하기 위해 왕의 잔치를 두 번 베푼다. 기회를 보던 중 하만과 왕이 함께 두 번째 잔치에 이르자 하나님은 전날 밤에 아하수에로 왕이 잠이 안 오게 하셔서 우연히 궁중일기를 읽게 해 모르드개 사건을 보게 하신다.

교만이 극에 달한 하만을 심판하기 위해 하나님은 유대인의 구원 역사 가운데 어떻게 개입하셨는가? 먼저 에스더가 왕의 마음에 들도록 하셨다. 왕은 에스더에게 두 가지를 묻지 않았다. '어느 민족이냐? 네 부모는 어디 있느냐?' 이 두 가지 콤플렉스를 가리게 하신 것이다. 또 하나, 왕궁 문을 지키고 있던 모르드개는 내시 두 사람이 왕을 암살하려던 것을 우연히 알게 되어 에스더에게 정보를 주게 되었다. 이것은 매우 큰 사건으로 기록될 수 있었지만, 궁중 일기에만 기록되고 왕에게는 알려지지 않았다. 최측근 참모들이 왕의 귀와 눈을 멀게 했기 때문이다. 아하수에로는 신하들에 둘러싸여 하만처럼 아첨하거나 뇌물을 주면 마음이 흔들리는 연약한 사람이었던 것을 알 수 있다.

우리의 기도를 통해 역사하시는 하나님

그렇다면 이 말씀이 북한 사역을 하는 우리에게 주는 영적 교훈은 무엇인가? 하나님은 우리의 기도를 통해 역사하신다는 점이다. 에스더 8장의 말씀을 통해 그 내용을 살펴보자.

1) 하만의 재산을 받아 관리하는 모르드개

1-2절을 보라. 에스더 7장에서 하만은 불미스러운 일로 장대에 매달려 죽었지만, 그가 왕의 이름으로 공포한 칙령으로 여전히 리스크가 있는 분위기였다. 마치 시한폭탄과 같은 페르시아 전역에 전달된 유대인 진멸의 조서를 빨리 해체시켜야 하는 상황이었다. 하만의 집과 재산을 몰수해 모르드개에게 주었다고 방심할 상황이 결코 아니었던 것이다. 왕에게 모든 것을 위임받은 에스더가 모르드개에게 주고 관리하게 하면서 그와 동족 관계라는 사실도 밝혀지게 되었다. 그러나 에스더와 모르드개는 하만에 대한 승리에 전혀 도취되지 않았다. 하만은 죽었다 할지라도 하만의 법은 여전히 효력이 있었기 때문이다. 그는 죽었지만, 왕의 인장으로 공포된 법령은 아직도 가공할 만한 위협이 되고 있었기 때문이다.

에스더 8장은 하만과 유대인 사이의 영적 전쟁이 얼마나 치열한가를 잘 보여 주고 있다. 다음 구절들을 보라. '유다 사람의 원수, 하만의 집, 유다 사람을 미워해 꾸민 악한 계획, 유다 사람을 죽이려는 음모, 유다 사람들을 공격하는 하만….' 그렇다면 왜 하만의 집은 유대 민족을 미워하고 말살하려고 했을까? 하나님의 씨, 언약, 하나님의 구원 계획을 무너뜨리기 위해서다. 사탄이 그것을 싫어해서 악의 세력을 배후에서 조종하고 있는 것이다. 그것은 구약의 역사에 기록되어 있다.

3절을 보라. 성경은 하만을 '아각 사람'이라고 밝힌다. 사무엘상

15장을 보면 사울과 아각 왕의 전투가 나온다. 이스라엘이 아각을 이기고 전리품을 취했던 것이 문제가 되었던 그 민족이다. 출애굽기 17장 14절을 보면 하나님이 이스라엘을 방해한 아말렉 족속을 심판하셨던 모습이 나타난다. 그리고 아각 사람 하만은 바로 아말렉 족속의 후손인 것이다. 그런데 중동의 패권을 페르시아가 차지하면서 다시 아각 사람과 유대인이 포로로 만나게 된 것이다.

하나님은 유대인과 이스라엘에게 하나님의 구원의 역사를 맡기셨다. 배타적 구원을 통해 보편적 구원을 이루려던 것이 하나님의 계획이었다. 그 구원의 수단이 바로 유대인과 이스라엘이었던 것이다. 그러나 사탄은 이러한 하나님의 섭리를 부정하고, 하나님의 사람들을 이 땅에서 지워 버리려고 매우 악한 음모와 공작을 꾸미곤 한다. 생각해 보라. 제2차 세계대전 당시의 전 세계와 유럽은 반유대주의 정서가 매우 강했다. 단지 유대인이라는 이유만으로 증오하고 혐오했다. 결국 세계대전 중 이것이 유대인 대학살로 이어지게 된 것이다. 왜냐하면 이는 지상의 전쟁이 아니라 영적인 세계에서 일어나는 전쟁이기 때문이다. 사탄은 하나님의 백성을 언제나 말살하려는 계획을 가지고 있다.

2) 완전한 조서 철회를 요청하는 에스더

3-6절을 보라. 하나님은 간교한 사탄의 공격과 훼방 속에서 어떻게 유대인을 구원하셨는가? 하나님은 사람의 마음을 움직이심으

로 역사를 통치하신다. 반대로 사탄은 하나님 나라가 이 땅에 세워지는 것을 싫어하기 때문에 믿음의 사람을 공격하고 무너뜨리려 한다. 본문에서 하만이 유대인을 망하게 하고 멸절하려는 이유를 구속사적으로 보면 여자의 후손과 씨를 없애 버리려는 것이다. 즉 메시아의 탄생이 유대 민족을 통해 성취되면 복음으로 세상이 구원을 받기 때문에 사탄은 이것을 훼방하려 했던 것이다.

성경에서 하나님은 이스라엘을 주권적으로 선택하셔서 인류의 구원을 위해 여자의 후손이 유대 민족에게서 나올 것을 예언하셨다. 그런데 사탄은 하나님의 일을 훼방하기 위해 세상에서 유대인들이 조롱당하며 멸시당하도록 부추기고 있다. 하나님은 이러한 위기 상황에서 유대인의 구원에 어떻게 개입하셨는가? 보이지 않는 하나님은 위기 상황에 아하수에로 왕의 마음을 움직이심으로 유다 사람들을 구원하는 데 간섭하셨다. 하나님의 간섭하심과 긍휼이 아니었다면 유대인은 하만의 손에 진멸되어 버렸을지도 모른다.

이때 영적으로 민감했던 에스더가 왕에게 나와 두 번째로 더 간구한다. 3절을 보라. 하만은 죽었지만 그의 법이 무효가 되게 해 달라고 재차 눈물로 간구한다. "내가 어찌 내 민족이 화 당함을 차마 보며 내 친척의 멸망함을 차마 보리이까"(에 8:6). 하지만 8절을 보라. 페르시아 통치법에 따르면 어떤 문서도 왕의 이름을 쓰고 그 반지로 도장을 찍은 것은 철회될 수 없다고 말한다. 그러나 왕은 에스더를 사랑하는 마음으로 새로운 인장 반지로 더 나은 새로운 법을 만들면 새로운 법이 실행 가능하다고 대답한다. 그 내용들은 유대인의 자기 방어, 동해 보복 대응에 관한 것이었다. 누구든지 유대인을 공격할 경우 처벌을 받게 될 것이라는 조서의 내용이었다.

이처럼 하나님의 기가 막힌 간섭으로 원수의 세력 하만은 장대에 높이 달아 죽이고 하만이 세운 거짓된 음모와 법적 효력은 완전히 무효 처리가 된다. 이로써 유다 민족은 페르시아 제국에서 극적으로 살아남게 된다. 이 모든 과정이 사람에게는 우연처럼 보이지만, 하나님에게는 우연이 필연이 된다.

성경의 여러 곳에 하나님이 제국과 열왕들의 마음을 움직이시는 사건들이 기록되어 있다. 이러한 신적 개입은 오늘날 역사에도 나타난다. 예를 들면, 냉전 시대에 동독의 대변인을 맡았던 샤보스키의 말실수로 1989년 11월 9일 베를린 장벽이 무너지고 통일이 된 것은 그 누구도 예상하지 못했던 사건이었다.

에스더서에서 하늘을 나는 새도 떨어뜨리던 하만의 기세는 어떻게 누그러졌는가? 악은 스스로 무너졌다. 두 번째 왕의 잔치에서 자신의 몰락을 예견한 하만이 에스더에게 무릎을 꿇고 도움을 요청할 때 왜 하필 절묘한 타이밍에 아하수에로 왕이 들어와 강간하는 모습으로 보이게 하셨는가? 그것은 악을 스스로 무너지게 만드신 하나님의 섭리인 것이다. 이것으로 인해 하만은 즉시 모르드개를 죽일 23미터 높이의 장대에 자신이 매달려 처형당한 것이다.

3) 새로운 조서를 내리는 아하수에로

7-10절을 보라. 에스더의 두 번째 요청에 왕의 허락으로 페르시아 제국 모든 서기관들이 소집되어 모르드개를 중심으로 유대인을 향한 새로운 법을 공포하게 된다. 이 일은 신속히 이루어졌다. 본문을 보면, 하나님은 역사의 무대에 직접 나타나지는 않으신다. 그러나 믿음의 사람을 전면에 내세워 하나님의 구원 역사를 이루어 가시는 것을 보게 된다. 결국 유대인들과 수산 성에 있는 백성들은 영광과 기쁨과 승리를 누리게 된다. 이방인들은 유대인이 되고자 했다.

기도가 간증이 되게 하라

긴박한 위기 상황에서 유대 민족의 구원은 어떻게 이루어졌는가? 에스더의 포기하지 않는 기도와 용기 있는 믿음 때문이다. 에스더와 모르드개는 왕의 잔치가 차려질 때까지 긴장의 끈을 놓지 않고 완전한 구원과 승리를 위해 지속적으로 기도해 악의 세력을 무너뜨린 것이다. 이러한 기도가 궁극적으로 한 국가와 민족을 위기에서 건지고, 원수의 세력을 무너뜨리며, 수많은 생명을 살리게 된 것이다.

15-17절은 유다 민족의 구원과 승리를 위한 왕의 잔치가 나타난다. 이것은 기념비적인 사건이었다. 하나님은 이렇게 우리의 삶을

지켜 주시고 보호해 주신다. 하나님은 지금도 나라와 민족을 위해 기도하는 한 사람을 찾고 계신다.

2017년 7월에 개봉한 크리스토퍼 놀란 감독의 작품인 〈덩케르크〉는 제2차 세계대전 중 영국의 리즈 하월즈의 중보기도와 깊은 관련이 있다. 40만의 영국군과 연합군은 몰살당할 위기에서 극적으로 구출되었다. 영국 해협에서 프랑스의 작은 항구 덩케르크까지 모든 선주들이 40만 대군을 실어 나른 것이다. 영국은 모든 교회에 모여 이것을 위해 기도하고 있었고, 이는 하나님이 응답하신 사건이라며 훗날 리즈 하월즈는 간증하고 있다.

기도하는 한 사람이 기도 없는 한 민족보다 낫다. 참된 그리스도인은 개인의 기도를 넘어 나라와 민족을 위해 기도하는 사람이다. 애국이 신앙은 아니지만, 신앙은 애국을 내포한다. 따라서 기도하는 사람은 애국자라 할 수 있다.

기도에 관한 이런 말이 있다. 나는 북한 사역과 선교하는 사람은 반드시 잊지 말아야 할 구절이라고 생각한다.

When man works, man just works,

when man prays, God just works.

사람이 일을 하면 사람이 일할 뿐이다.

그러나 사람이 기도하기 시작하면 하나님이 일하신다.

북한 사역과 탈북민 사역은 기도 없이는 불가능하다. 하나님의 뜻 가운데 기도할 때 하나님이 주도하시는 사역으로 인도함을 받는 다. 그 결과는 언제나 나의 생각과 경험을 훨씬 뛰어넘으며, 열매가 좋다는 특징이 있다.

탈북민을 섬기며 스펄전 교수가 말한 기도의 중요성에 대해 다 시 한 번 반복적으로 귀 기울일 필요가 있다.

참된 기도는 나의 뜻을 하나님의 뜻에 맞추어 가는 과정이다. 이 것이 예수님이 요한복음에서 말씀하신 "너희가 내 안에 거하고 내 말이 너희 안에 거하면 무엇이든지 원하는 대로 구하라 그리하면 이 루리라"(요 15:7)는 말씀의 뜻일 것이다. 탈북민에게 이 말의 중요성 은 아무리 강조해도 지나치지 않다. 기도를 통해 영적인 근육이 만 들어지도록 도전해야 한다. 기도의 맛을 보는 것은 매우 중요하다.

탈북민의 사역자화를 위한 양육 방법

지금까지 살펴본 내용을 토대로 보면 하나공동체의 양육 모델은 남한 교회에 시사하는 바가 매우 크다고 할 수 있다. 왜냐하면 남한 사회에 와 있는 탈북민을 어떻게 복음화해야 하는지와 어떻게 돌보고 양육해야 하는지에 관한 중요한 상관관계를 보여 주기 때문이다. 그 대상이 유대인이든 헬라인이든 차별이 없다. 탈북민에 대한 잘못된 선입견과 전제가 가장 큰 걸림돌이 될 뿐이다. 그들은 하나님의 형상이지만 사역적으로 실천할 때 접근하기가 쉽지 않은 것은 사실이다.

온누리교회 하나공동체의 경험에 의하면 탈북민 사역에서 다음과 같은 일곱 가지가 매우 중요하다고 본다.

1) 탈북민을 하나님의 형상으로 보라

기존의 탈북민 양육은 성경적인 인간론을 충분히 가르치지 못했다고 생각한다. 그로 인해 구제와 긍휼 사역 정도로 생각했거나, 사역자 내지 제자화시킬 엄두도 내지 못했던 것이 사실이다. 게다가 복음을 전하는 대상을 제대로 이해하지 못하거나, 차별 없이 복음 사역을 해야 함에도 불구하고 탈북민을 우리의 관점과 시각으로 오해해 왔던 점을 예로 들 수 있다.

성경에 따르면 남한 사람과 북한 사람 모두 하나님 앞에서는 죄인에 불과하다. 따라서 그들은 하나님의 형상 회복을 기다리는 영적인 존재로 이해되어야 하며, 정치적이고 이념적이고 사회문화적인 인간론을 배제하고 성경적인 인간론을 지향해야 한다. 이 관점을 놓치면 서로 사역에서 우월의식을 갖게 되며, 주도권 싸움이 일어나기 쉽다.

2) 탈북민 양육은 공동체 비전으로 이끌어 가라

과거 한국 교회의 많은 헌신에 비해 탈북민 사역의 열매가 부족한
이유는 무엇일까? 개인이 목회 철학을 가지고 사역하려 했기 때문
이다(통일을 꿈꾸는 북한 사역이 제일 분열이 심하지 않았는가? 연합을 제일 못하지 않
았는가?). 그래서 훌륭한 사역자가 있을 땐 잘되다가, 그 사역자가 떠
나면 공동체가 쉽게 무너지는 것을 보게 된다. 그러다 보면 그동안
쌓아 왔던 탈북민 사역 역시 송두리째 흔들리는 것을 보게 된다.

탈북민을 지속적으로 양육하려면 개인의 사역이 아닌 하나님
나라의 비전과 선교적 공동체가 이끌어 가는 사역이 되어야 한다
(행 1:6-8 참조). 이런 의미에서 탈북민 양육은 하나님 나라의 비전과
설정이 매우 중요하다. 영적 리더는 계속해서 영적인 의미와 목표
를 제시해 주어야 한다.

3) 개인이 아니라 팀 사역을 하라

탈북민 사역은 하면 할수록 매우 힘들고 쉽게 지친다. 따라서 베테
랑 사역자도 좋지만, 사역자들을 재생산해서 팀 사역을 이끌어 가
야 한다. 그렇지 않으면 공동체가 쉽게 와해되거나 양 무리들이 흩
어지는 것을 보게 된다. 예를 들어, 탈북민이 남한 사회에 정착하는
과정에서 크고 작은 일들이 일어난다. 그때 대부분은 혼자 감당하

기 어려운 경우가 많다. 이럴 때 남한 사람과 북한 사람이 연합해서 사역을 감당하면 놀라운 일이 발생한다(막 2:1-5 참조). 탈북민도 중요하지만, 헌신하는 남한 사역자들도 같이 돌볼 때 양육의 열매가 나타나게 된다.

4) 양육과 사역의 균형을 이루라

선교지를 복음화시키기 위해서는 사역 이전에 복음의 명확한 이해가 중요하다. 바르게 가르쳐야 바르게 성장하고 사역할 수 있기 때문이다. 북한 사역을 하다 보면 수단과 목적이 뒤바뀔 때가 많다. 이때마다 영적 리더는 분별해서 명확한 복음을 우선순위에 두어야 한다. 그리고 탈북민 사역에 있어 양육과 사역은 분리된 것이 아니라 상호 보완적인 것임을 명심해야 한다.

하나공동체는 일차적으로 양육을 매우 중요시 여긴다. 그러나 동시에 몸으로 하는 사역도 중요시 여긴다. 몸이 헌신되어지지 않는 양육은 관념적으로 되기 때문이다. 탈북민에게 몸으로 하는 사역도 매우 중요함을 놓쳐서는 안 된다. 이처럼 사역과 양육을 병행하는 것이 하나공동체의 양육 철학이다. 여기서 핵심은 남한 사람과 북한 사람이 같이 훈련받게 하는 것이다.

개인적으로는 양육에서 사역이 나와야 한다고 생각한다. 둘 다 중요하지만 양육에 더 강세를 두어야 탈북민 사역이 효과적으로 이뤄질 수 있다.

5) 선생보다 친구(이웃)가 되라

이것은 영적인 금언과도 같다. 예수님의 사역 원리와도 같기 때문이다. 탈북민 사역은 가르치기보다 친구가 되어 사랑해야 한다. 그래야 진정한 변화가 일어난다. 이것은 이웃을 섬기는 그리스도인들의 영적인 태도다. 다른 말로 하면, 양육의 기술(skill)보다 영적 태도(spirit)가 중요하다는 것이다.

친구는 가장 가까이 있는 이웃을 의미한다. 강도 만난 자들과 같은 탈북민은 아픔과 상처가 많은 사람들이다. 그러나 그들의 아픔도 진실하게 사랑하면 변화가 일어날 수 있다. 탈북민을 돕는 사람은 그들을 진실하게 품고 사랑해야 한다.

하지만 탈북민을 사랑하려 할 때 문제가 일어날 수 있다. 쉽게 다가가려다가 상처를 받을 수 있다. 그러한 경우에도 우월한 위치에서 가르치려 하면 안 된다. 기다리고, 조건 없는 사랑으로 도와주어야 한다(눅 10:30-37 참조).[54] 상처받지 않고 주는 법을 예수님의 디아코니아 정신을 통해 배워야 한다.

---

[54] 필자의 경험으로 볼 때 북한 사역을 방해하는 가장 큰 요인은 하나님을 의지하지 않는 나의 주관적 경험 때문일 경우가 많다. 주관적인 경험이 전제될 때 하나님 나라의 사역은 그르치게 된다. 다시 말해, 북한 사역을 오랫동안 한 전문가가 가장 큰 방해 요소일 수 있다. 오히려 처음 하는 사람이 더 잘할 수도 있다. 이런 의미에서 북한 사역은 벽돌을 한 장 한 장 쌓는 마음으로 겸손하게 사역해야 한다.

6) 복음을 가르치라

탈북민 양육은 복음을 체계적으로 균형 있게 가르쳐야 한다. 특히 생생한 복음을 분명하게 전해야 탈북민 공동체가 올바로 성장할 수 있다. 잘못된 인간론을 배격하고 하나님 나라를 경험하게 하는 것이 중요하다. 눈에 보이는 세상이 아니라, 보이지 않는 믿음과 영원한 나라의 가치관을 가르칠 필요가 있다. 탈북민 사역자는 복음의 능력을 믿고 담대하게 선포해야 한다. 복음을 부끄럽지 않게 여기는 사역자가 능력 있게 사역할 수 있다. 왜냐하면 성경은 '나는 씨를 뿌렸고, 자라게 하시는 이는 하나님이시다'(고전 3:7 참조)라고 말씀하기 때문이다.

7) 하나님 나라를 경험하게 하라

탈북민 사역을 해 보면 복음, 하나님 나라, 믿음 이외에 다른 것을 궁금해하는 사람들이 많다(사람과의 관계, 인간적인 모임, 문화 활동 등). 하지만 이런 것은 수단이 되어야지 목적이 되면 안 된다. 심지어 우리가 바라는 통일도 하나님 앞에서 우상이 될 수 있다. 통일은 결코 우상이 되어서는 안 된다. 통일을 놓고 기도하다가 남북한 모두 민족주의의 우상에 빠져서도 안 된다. 통일은 중요하지만, 통일의 당위성이 하나님 나라와 반하는 것이라면 하나님은 통일을 허락하지 않으실 수도 있다는 점을 알아야 한다. 우리는 인간 나라가 아니라 하나님 나라를 전해야 하기 때문이다(행 1:8 참조). 탈북민 사역은 교회뿐 아니라 정치, 경제, 사회, 문화, 교육, 미디어 모든 영역에서 하나님의 주권이 회복되는 것을 지향해야 한다.

탈북민, 한반도 통일의 열쇠

지금까지 온누리교회 하나공동체 안에서 행해진 탈북민 복음화와 양육 방법에 대해 살펴보았다. 이들이 과연 복음 사역자로 하나님 나라의 일을 감당할 수 있을까? 나는 탈북민 복음화를 긍정적으로 본다. 왜냐하면 하나님은 약한 자를 들어서 강한 자를 부끄럽게 하시는 분이기 때문이다. 이제는 탈북민들을 향한 우리의 시선이 변화되어야 할 때다. 탈북민은 한국 교회 가운데 보내신 하나님의 특별한 선물이다. 하나님이 북한 선교와 통일 시대를 준비하기 위해 보내신 이 땅의 소중한 영혼들이다.

　이러한 귀한 사람들을 하나님 나라의 관점에서 복음으로 치유하고 회복시켜 하나님 나라를 위한 선교사요, 일꾼으로 만드는 것이 한국 교회와 성도들의 사명일 것이다. 게다가 한국 교회사의 선교로 비추어 보면 남한 교회는 빚진 자요, 복음의 채무자다. 왜냐하면 많은 이북 사람들이 남한에 내려와 복음의 씨앗을 심고 교회를 세웠기 때문이다. 그런데 지금 남한 교회와 사회가 경제적으로 잘산다고 해서 북한과 교회를 잊어버린다면 하나님이 기뻐하지 않으실 것이다. 이를 위해 먼저 남한에 찾아온 탈북민들, 오랫동안 폭력과 억압에 시달린 이들을 성경적인 양육과 방법론으로 하나님 나라를 경험하게 할 때 북한 선교와 통일 시대가 앞당겨지리라 생각한다.[55]

탈북민은 통일 시대의 열쇠다. 이들을 통한 평화 만들기 사역은 아무리 강조해도 지나치지 않다. 왜냐하면 이들은 통일 이후 북한으로 올라갈 사람들이기 때문이다. 이들이 고향에 올라가면 언어, 문화, 관계, 모든 것들이 우리보다 용이할 것이다. 그래서 이들을 제자 삼고 복음으로 잘 양육하는 것이야말로 중요한 통일 준비가 아닐까 생각한다.

---

55 앞으로 차후 과제와 전망으로 북한 사람들의 남한 정착기에 대한 구체적인 연구 조사와 후기 공산주의 사회의 변화에 대한 연구가 필요하리라 생각된다. 정병호 외편, 《웰컴 투 코리아: 북조선 사람들의 남한살이》(한양대학교출판부, 2006); 안교성, 《평화통일신학 구성의 전제로서 후기 공산주의 사회의 변화에 대한 연구》(장로회신학대학교 남북한 평화신학연구소, 2015) 참조.

3부

북한을 새롭게 알면
통일이 보인다

"사람아 주께서 선한 것이 무엇임을 네게 보이셨나니
여호와께서 네게 구하시는 것은 오직 정의를 행하며 인자를 사랑하며
겸손하게 네 하나님과 함께 행하는 것이 아니냐"

-

미 6:8

13.
꿈 너머 꿈

고도원 씨가 쓴 《꿈 너머 꿈》(나무생각, 2007)이란 책이 있다. 이 책에서 그는 인생의 참된 비전에 대해 의미 있는 이야기를 전하고 있다. 고도원 씨는 대한민국의 많은 직장인, 대학생, 공무원들을 대상으로 강연을 할 때가 많은데, 강연을 하기 전에 반드시 질문하는 것이 있다고 한다.

"당신의 꿈은 무엇입니까?"

"당신은 왜 일류 대학에 들어왔습니까?"

이렇게 질문하면 대부분의 학생들은 좋은 대학에 온 것은 좋은 직장을 얻기 위해서라고 대답한다고 한다. 그러면 고도원 씨는 대답한 사람에게 또다시 질문한다.

"좋은 직장에 들어간 후 그다음 꿈은 무엇입니까?"

그러면 대부분의 사람들은 이렇게 대답한다고 한다.

"좋은 배우자를 만나 행복한 가정을 이루고, 자녀를 낳아 행복하게 사는 거지요."

그러면 대답하는 사람이 곤혹스럽게 고도원 씨는 또 한 번 질문한다고 한다.

"그러면 그것을 이룬 그다음 꿈은 무엇입니까?"

여기까지 묻고 나면 대부분의 학생들은 우물쭈물하다 제대로 된 답을 말하지 못한다고 한다. 그러면 고도원 씨는 "진정한 꿈을 가진 인생은 그것에 대해 답을 가지고 있는 사람입니다"라고 강연을 이어 나간다고 한다. 그것이 꿈 너머 꿈이라는 것이다. 사람은 꿈 너머 꿈이 있어야 행복한 삶을 살 수 있다는 것이다. 첫 번째 꿈은 대부분의 사람들이 꾸는 꿈과 이상, 비전이지만, 마지막으로 말하는 꿈은 메타비전, 곧 궁극적인 인생의 목적이라는 것이다.

대한민국에 사는 사람들의 꿈 너머 꿈은 무엇이어야 할까? 우리가 그토록 열심히 일하고, 성공하고, 공부하고, 잘돼서 돈을 버는 목적은 무엇이 되어야 할까? 나는 그것이 하나님 나라를 위한 통일의 꿈이 되어야 한다고 생각한다. 그러기 위해서는 우리가 추구하는 모든 열정이 야망이 아닌 의미 있는 삶을 추구해야 한다.

얼마 전 남한에 온 태영호 씨가 쓴 《3층 서기실의 암호》(기파랑, 2018)라는 책을 읽어 보았다. 이 책에서 태영호 씨는 통일 한반도를 꿈꾸며 다음과 같이 말하고 있다.

"지금 (나에게) 대한민국이라는 새로운 조국과 통일 한국이라는 벅찬 과업이 생겼다…. 이제 나의 길은 오직 하나, 통일이다. 북한 주민에게 인간으로서의 고유한 권리를 되찾아 주는 것이 통일이다. 남북으로 갈라진 체제와 이념을 하나로 통일하고 민족 문화와 동질성을 융합하는 것은 그 이후의 가치이다."

그는 계속해서 남한 사회에 온 탈북민들에 대해 이렇게 말한다.

"탈북민이 한국에 오는 것 자체가 통일의 과정이다. 나는 한국 사회가 탈북민을 통일민으로 불러 주기를 바란다. 그들은 먼저 온 통일이다."

"나는 그날까지 실천하는 통일, 움직이는 통일, 행동하는 통일 운동을 만드는 데 미력한 힘을 다하려고 한다."

태영호 씨는 지금까지는 자신이 맹목적으로 당과 수령을 위해 살아왔다면, 앞으로의 남은 인생은 후손들과 통일 한국을 위해 살아가고 싶다고 포부를 밝히고 있다. 의미 있고 가치 있는 삶을 살고 싶다고 자신의 꿈을 밝히고 있는 것이다.

지난 대한민국의 역사를 볼 때 이해가 되지 않는다. 전쟁의 잿더미와 폐허 속에서 가장 못살고 가난했던 약소국을 전 세계에서 잘사는 나라로 이렇게 높이신 이유가 무엇일까? 왜 하나님은 남한의 교회를 풍요롭게 하고 한국 사람을 축복하셨을까? 그것은 남북한

이 통일의 과업을 이루고 한반도가 하나님 나라와 선교 대국을 위해 쓰임 받게 하시기 위해서라고밖에 볼 수 없다.

가난과 배고픔 때문에 스포츠를 하던 시절은 지나갔다. 이제는 세계를 무대로 자신의 꿈을 펼쳐 나가는 시대가 되었다. 올림픽에서 정상에 선 피겨스케이팅의 김연아 선수나 골프 여제 박세리, 유럽 사람의 종목이었던 펜싱에서 금메달을 딴 대한민국, 축구 월드컵에서는 한 번도 상상해 보지 못했던 4강 신화를 이루어 내기도 했다. 서구 사람들에 비해 한계로만 여겨졌던 국제 테니스 대회에서 정상들과 어깨를 나란히 하며, 세계가 부러워하던 평창 동계올림픽의 성공적인 개최를 이루어 내기도 했다. 미래를 향해서도 우리의 젊은 세대들은 기성세대와 달리 창의적이며 국제적인 감각이 뛰어나 세계와 어깨를 나란히 하고 있다.

대한민국이 지금까지 이렇게 유명했던 적이 있었을까? 왜 하나님은 이 나라, 이 민족을 이토록 잘되게 하시고 축복하시는 것일까? 그 이유는 거룩한 사명 때문이다. 통일 한반도와 세계 복음화를 위한 부르심 때문이다. 전 세계적인 투자자 짐 로저스는 〈명견만리〉에서 한국보다 북한이 더 매력적인 곳이라고 말한 적이 있다. 반대로 한국은 투자자의 관점에서는 더 이상 매력적인 곳이 아니라고 말한 바 있다. 그 대표적인 이유는 한국 사회의 젊은이들이 꿈과 모험에 도전하지 않고 오직 공무원이 되려고만 하기 때문이다. 안정적인 직장과 미래는 중요하다. 하지만 한반도에서 태어난 이상 북한과의 통일을 염두에 두지 않고 다음 세대에 자신의 길만 걸어가는 젊은이야말로 진짜 리스크가 큰 인생이 되는 것이다.

성경에서 축복은 사명을 따라오는 것이다. 사명 없이 복을 받는 것은 엄밀한 의미에서 참된 복이 아니다. 따라서 한국 교회와 그리스도인들은 하나님이 주신 기회와 축복을 북한과 통일에, 하나님 나라를 세우기 위해 사용해야 함을 결코 잊어서는 안 된다. 만약 이렇게 주신 축복을 하나님 나라를 위해 사용하지 않는다면 우리는 탐욕의 노예가 되고 말 것이다.

14.
독일 통일은 특별하다?

베를린 장벽의 붕괴

1989년 11월 9일, 세계사에 길이 남을 만한 사건이 일어났다. 역사적으로 냉전과 분단의 상징이었던 독일의 베를린 장벽이 마침내 무너졌기 때문이다. 베를린 장벽이 무너지자 이 소식은 전 세계에 타전되기 시작했다.

그 당시 외신 기자들 앞에 선 동독의 공보담당 정치국원 샤보스키가 11월 9일 기자회견에서 여행 자유화를 설명하려던 순간이었다. 그런데 무슨 이유 때문인지 몰라도 전날 회의에 참석하지 못한 채 실언을 하게 된다. "지금부터 누구나 서독 여행을 할 수 있다."

이때 서방의 기자들은 그의 말을 오해해서 베를린 장벽이 무너졌다고 타전했고, 이 소식을 전 세계 언론사마다 앞 다투어 전하다가, 마침내는 독일이 통일되었다는 소식을 전하기에 이르렀다. 이때 뉴스를 본 동서독의 주민들이 대거 베를린 국경으로 몰려들며 개방을 요구하기 시작했고, 겁에 질린 경비병들이 국경을 개방함으로써 베를린 장벽은 마침내 무너지고야 말았다. 이후 사태를 되돌릴 수 없을 지경에 이르자 동독의 공산당 지도부는 이를 기정사실화하게 된다.

어떻게 이런 초월적인 일이 베를린에서 벌어질 수 있었는가? 꿈에도 그리던 동독과 서독의 통일이 그 어떤 뛰어난 학자도, 정치가도, 사회과학자들도 전혀 예상하지 못했던 방법으로 이루어진 것이다. 세계의 정상들도 불가능한 일이라고 보았기 때문이다. 그러나 그것은 역사와 새로운 현실이 되었다.

하나님의 주권과 섭리를 신뢰하라

성경에서는 역사의 주관자는 하나님이시라고 말한다. 겉으로 이 세상 나라를 움직이고 세계의 역사를 이끌어 가는 것은 인간 나라와 열왕들인 것 같지만, 성경은 하나님 한 분이시라고 강조한다. 이러한 측면에서 한국 교회의 미래와 남북한의 앞날을 지나치게 부정적으로 보는 것을 경계해야 한다. 열왕들은 나라를 움직이지만, 하나님은 열왕들의 마음을 움직이시기 때문이다. 문을 열면 닫을 자가 없고, 닫으면 열 자가 없는 분이 하나님이시기 때문이다. 이처럼 하나님은 사람이 할 수 없다고 할 때 상상할 수 없는 방법으로 하나님의 역사를 이끌어 가신다. 이러한 예들이 성경에 수없이 나타나고 있다. 중요한 것은 하나님의 백성과 하나님의 올바른 관계성 안에 그 답이 있다는 것이다. 하나님의 백성이 그분의 뜻과 말씀에 부합되기만 하면 이러한 초월적인 일은 역사 속에서 다시 일어날 수 있다.

하나님을 떠나 우상 숭배를 범했던 이스라엘이 바벨론 70년 포로 생활을 마치고 이스라엘의 회복을 위해 기도할 때, 하나님이 사용하셨던 것은 환경이 아니라 고레스 왕의 마음이었다. 고대 세계의 역사적 패권을 가진 고레스 왕의 마음을 움직이셔서 스룹바벨, 에스라, 느헤미야가 3차에 걸쳐 귀환해 예루살렘 성전을 재건할 수 있었던 것이다. 그 하나님이 한반도에서 새로운 일을 행하실 수 있다는 것은 자명한 사실이다.

이처럼 인간적으로 불가능해 보이는 일을 이루시기 위해 세계에서 가장 강한 제국의 왕을 사용하셨던 분이라면, 이것은 한반도의 국가적인 위기 가운데서도 마찬가지일 것이다. 하만의 궤계를 무마시키기 위해 모르드개와 에스더를 사용하셔서 아하수에로 왕의 마음을 여셨듯이, 북한 땅에 새로운 일을 행하실 분은 하나님의 주권이라고 할 수 있는 것이다. 따라서 한국 교회와 그리스도인들은 이처럼 하나님의 주권과 보이지 않는 섭리를 신뢰하며 기도해야 한다.

염돈재는 그의 책《독일통일의 과정과 교훈》(평화문제연구소, 2010)에서 그 당시 극적인 상황을 자세히 요약하고 있다.

"동독 주민들의 시위로 동독 공산 정권이 붕괴되고, 이후 자유 선거 실시로 체제 선택권을 가진 동독 주민들이 서독의 편입을 요구하였으며, 서독 정부의 기민한 외교를 통해 제2차 세계대전 전승 4대국의 동의를 받아 내었다. 이를 통해 독일은 동독과 서독이 역사적인 통일을 이루었다."

한국 교회여, 통일을 위해 기도하라

그렇다면 한국 교회가 이러한 독일 통일에서 배울 수 있는 교훈은 무엇일까? 여러 가지 교훈이 있겠지만, 가장 큰 도전은 독일 통일에서 교회가 이 일에 가장 앞장섰다는 점이다.

베를린 장벽이 무너지고 통일이 이루어졌을 때 사람들은 이를 기적이라고 표현했다. 왜냐하면 사람들이 전혀 예상하지 못했던 일이기 때문이다. 세계대전을 일으킨 전범국가로서 통일을 말하는 것이 주변국에 쉽지 않았기 때문이다. 하지만 하나님의 섭리 속에서, 이미 오랫동안 동독과 서독은 통일을 위해 사전에 많은 교류와 준비를 해 왔고, 마침내 하나님은 교회의 노력과 역사적 책임의식을 사용하셨던 것이다.

다시 말하지만, 독일 교회가 한국 교회에게 주는 시사점은 교회와 그리스도인들이 통일의 주역이 되었다는 점이다. 그들은 역사의 한복판에서 구경꾼으로 있지 않았다. 결코 남의 일이라고 수수방관하지도 않았다. 그들은 오히려 역사적 책임의식을 가지고 적극적으로 뛰어들어 통일의 과업을 이루려 했다는 점이다. 동독과 서독 안에서 라이프치히 니콜라스 교회와 동독의 50여 개 교회들, 마리아수녀회의 바실레아 슈링크가 통일을 위해 꾸준히 기도해 왔던 것은 널리 알려진 사실이다.

독일 통일의 사례를 보면서 한국 교회의 역할은 더욱 확실해진다. 통일은 소수의 정치인이나 인간 나라를 꿈꾸는 사람들이 아니라 하나님 백성의 책임이라는 사실이다. 독일 교회들은 이념과 정치와 복잡한 이해관계를 떠나 서로 만나서 대화를 나누고 수많은 위기 속에서도 통일의 꿈을 포기하지 않았다. 원탁 테이블에서 초교파적으로 통일을 주도해 나갔다. 이에 대해 독일 통일의 역사적 현장에 있었던 크뤼첼 박사는 다음과 같은 것이 독일 교회와 그리스도인의 중요한 역할이었다고 회고한다.

"독일이 통일될 때, 교회는 동독의 독재자가 무너질 때 비폭력으로 복수를 막아 냈다. 그리고 통일의 과정에서 동독 주민들이 다시 공산주의로 회귀하여 돌아가지 않도록 기도했다. 이를 위해 무신론자들과 대화하면서 비 기독교인들에게 신을 말하지 않으면서 신을 설명했다. 즉 삶으로 하나님을 보여 주었으며, 무신론자들과 사회주의자들을 기독교적인 사랑과 섬김으로 포용했다는 점이다."

이러한 점에서 독일 통일은 특별하지 않다고 본다. 독일 교회들은 통일이 일상에서 이루어짐을 믿었고, 그들의 디아코니아와 코이노니아로서의 경건한 삶은 하나님 나라의 일상성을 보여 주고 있기 때문이다. 만약 하나님 나라를 먼 미래의 일이나 내세적이거나 좁은 의미로 받아들였다면, 통일은 특별한 것처럼 보였을 것이다. 그러나 독일 통일의 과정은 성숙한 교회와 그리스도인의 섬김을 통해 삶의 자리에서 구체적으로 수놓아졌다. 이런 의미에서 독일 통일은 갑작스럽게 이루어졌다기보다, 서독의 지속적 동방정책 (자유로운 교류와 협력), 동독의 교회 혁명 같은 노력 속에서 민주적이며 평화적으로 그리고 주변국들의 도움을 얻어 준비된 통일을 이룰 수 있었던 것이다. 그 속에서 독일 교회의 역할이 핵심적이었다고 말할 수 있는 것이다. 즉 하나님이 하셨지만 인간의 노력과 책임도 수반되었던 것이다.

지금은 사랑으로 품어야 할 때

지금 한국 상황을 고려할 때 독일의 통일에서 얻은 교훈을 직접적으로 적용하기는 쉽지 않다. 왜냐하면 북한의 지하교회는 동독의 지상교회의 상황과 많이 다르기 때문이다. 베를린 장벽과 달리, 한반도의 동서를 가로지르는 긴 철책선(38선)도 쉽게 무너지기 어렵기 때문이다. 하지만 분명한 것은 한국 교회와 그리스도인이 하나님의 뜻을 깨닫고 순종해 나간다면 한반도의 통일은 전혀 불가능한 것이 아니라는 사실이다. 독일 통일에서 보듯이 한국 사회에 먼저 와 있는 탈북민이 그 지렛대 역할을 할 수 있는 것으로 보이기 때문이다. 우리는 여기서 독일 교회가 동독의 자유를 돈으로 대가 지불하고 사 왔던 프라이카우프(Freikauf) 운동을 주목할 필요도 있다.

지금 제3세계에는 고난의 행군 당시 뿔뿔이 흩어진 잃어버린 탈북민 고아들이 있다. 정확한 집계는 어렵지만 동남아와 중국 변경지역 그리고 수용소에 갇혀 있는 사람도 있다. 국가의 보호와 신분증이 없는 국제 미아들도 상당수에 이를 것이다. 이들을 한국 교회와 그리스도인들이 한 사람씩 대가를 지불하고 남한으로 데리고 오지 못한다면 통일 이후 그 책임을 누가 피할 수 있겠는가. 이를 위해 관과 민이 함께, 교회와 교단이 연합해서 현대판 친족 구원을 실행할 필요가 있다.

이와 동시에 남한 사회에 와 거주하는 탈북민 형제자매들을 잘 보살피고 사랑하는 것이 매우 중요하다. 이것이 하나님 나라의 차원에서 지금 할 수 있는 통일 운동이라고 생각한다. 그렇게 하나님의 뜻 안에서 디아코니아와 코이노니아의 사랑으로 꾸준히 섬길 때, 북한에 평화와 통일의 무드가 조성되면 북한 주민들은 한국 교회와 그리스도인들이 주도하는 통일을 지지할 수 있게 될 것이다. 이것이 바로 뉴코리아의 비전이라 할 수 있는 것이다.

엄밀히 말해 지금까지 한국 교회와 그리스도인들은 탈북민을 잘 돌보지 못했다. 북한 체제와 사회를 잘 이해하지 못했기 때문이다. 통일을 위해서는 상호 신뢰가 중요한데, 북한과 남한은 오랜 세월 분단 체제로 인해 서로를 이해하기는커녕 비판하고 의심했다고 볼 수 있다. 그러나 이제는 달라져야 한다. 선입견, 편견, 불신을 해소하기 위해서는 서로 알아 가는 노력이 필요하다.

국제 정세와 남북한 관계가 예측 불가능할수록 북한 문제와 분단 문제는 한국 교회가 끌어안아야 하는 과제다. 이런 점에서 북한을 알아 가는 데 중요한 창문은 남한 사회에 먼저 온 탈북민들이다. 이들을 섬기면서 이해하고, 그들의 문화적 특징을 배워 가야 한다. 탈북민을 섬기고 이해하다 보면 자연스럽게 북한을 새롭게 알아가며 통일을 준비할 수 있기 때문이다.

이를 위해 북한 선교 학교와 5만여 교회와 3만 2천여 명의 탈북민을 책임지는 캠페인을 벌이는 것도 좋은 일이다. 왜냐하면 그것이 통일의 씨앗이 될 수 있기 때문이다. 모든 교회들이 통일 선교, 북한 선교 주일을 제정해서 전 교인을 대상으로 통일을 설교하며, 주 중 양육 프로그램의 일환으로 북한 선교 학교를 실행해 보는 것도 좋은 시도가 될 수 있다. 그렇게 문화적으로 범교회적인 운동을 통해 통일의 밑거름을 준비해야 한다. 왜냐하면 지금은 통일을 위한 하나님의 골든 타임이기 때문이다.

통일, 이렇게 준비하라

지금 한국 교회는 탈북민 섬김과 북한 선교에 관심을 갖고 북한을 새롭게 보는 훈련을 부지런히 학습해야 한다. 북한 선교 학교와 평화 통일 교육이 한국 교회와 그리스도 안에 새롭게 일어나야 한다. 하나님의 섭리와 주권이 한반도에 일하심을 믿으며, 주어진 환경 속에서 우리의 책임과 소임을 다해야 한다.

독일 교회와 그리스도인들은 통일을 앞두고 다음세대에 역사적인 책임을 미루지 않았다. 그래서 사회 통합을 이루었고, 그리스도인들이 하나님 나라의 영역에 들어가 참여함으로 그리스도인의 사랑과 섬김에 최선을 다했다. 그것은 훈련과 통일 연습 때문에 가능한 일이었다. 우리 한국 교회가 이것을 반면교사로 삼아 준비한다면 한반도의 통일에 크게 기여하게 될 것이 분명하다.

그렇다면 교회는 통일을 어떻게 준비해야 할까? 교회들이 적용할 수 있는 통일의 구체적인 준비에는 무엇이 있을까? 이 영역에서 가장 앞서 있는 영락교회 북한선교사역과 가장 오랫동안 체계적으로 준비된 소망교회 북방선교에 따르면, 통일 이전과 통일 이후에 대한 통일 패키지나 매뉴얼을 만들고 하나님 나라의 로드맵을 실천하는 것이 중요하다고 설명한다. 통일 이전은 통일 선교 학교, 북한 선교 학교 등의 통일 교양을 만들어 통일 지도자나 통일 리더를 키우는 일에 역점을 두어야 한다. 그리고 이러한 통일 운동을 전방위적으로 확산시켜 나갈 필요가 있다. 이렇게 벽돌을 한 장 한 장 쌓아 나가다가 통일이 된 이후에는 집중력을 가지고 전략화해서 북한 지역에 들어가 사역을 해야만 하는 것이다.

통일 이후 3년을 중요시 여기는 많은 기독교 통일 전문가들은 다음과 같이 예견하고 있다. 이승재 목사의 말에 따르면, 내일이라도 당장 통일이 될 경우 컴패션 단체와 같이 어린아이들을 대상으로 하는 기독교 교육을 잘 준비하는 것이 필요하다.[56] 그리고 2,500만 북한 동포에게 성경이 배포되도록 해야 한다고 말한다.

남한과 달리 통일 이후 북한의 교회는 가정교회가 주축을 이루게 될 것이다. 그리고 나무와 산림을 회복하는 캠페인을 해 나가야 하며, 도로와 철로를 연결하는 사회간접자본, 그리고 토지와 사회

---

[56] 더케이 호텔 서울 그랜드 룸에서 실시된 소망의 땅, 북한(2015, 6, 8-9) 사역이 좋은 사례다.

법을 개정해 나가야 할 것이다. 언어와 문화의 이질성을 줄히는 교육도 필요할 것이다. 그리고 의료 시스템과 복지 시스템도 재정비해야 한다.[57] 온누리교회는 이를 위해 통일위원회를 발족해서 통일시대를 위한 준비 작업에 박차를 가하고 있다. 통일 한반도에 하나님 나라가 실현되어야 할 정치, 경제, 사회, 문화, 교회, 의료, 교육, 법, 직장 등 각 분야마다 그리스도인 전문가들을 통해 하나님 나라의 관점에서 북한을 연구하고 새롭게 디자인할 필요가 있다.

중요한 것은 이러한 다양한 통일 운동과 함께 모든 영역에 세속의 물결을 차단하고 기독교 세계관으로 선점할 필요가 있다는 점이다. 왜냐하면 통일 이후 사탄의 방해와 공격이 거셀 것으로 예상되기 때문이다. 그래서 한반도의 통일을 위해 교회마다 탈북민 섬김과 북한 선교에 관심을 갖고 북한을 새롭게 보는 훈련을 해야 한다. 그것은 모든 성도가 훈련을 통해 전문적인 통일 선교사가 될 준비를 해야 함을 의미한다. 하나님이 이루실 통일을 바라보며 통일 교육과 사람의 통일을 확산시켜 나가기 위해서다. 이런 의미에서 통일 교육이야말로 탈북민 이해와 함께 교회와 그리스도인들에게 통일을 준비하는 가장 중요한 일이 될 것이다.

---

57   통일소망 컨퍼런스 자료집(2017), 《교회 내 통일 선교하기》, pp. 18-35.

15.
통일은 하나님의 백성이
시작해야 한다

교회가 꿈꾸는 통일은 세상의 가치와는 차이가 있다. 교회의 통일 관은 하나님 나라를 위한 거룩한 수단으로서의 통일이다. 한반도 통일 자체가 궁극적 목적이 되어서는 안 된다.

통일은 하나님의 뜻이다. 그러나 부르심과 소명을 바르게 이해하지 않는다면 통일은 더 지연될지도 모른다. 세계 열방을 섬기기 위해 하나님은 언젠가 우리에게 통일을 허락하실 것이다. 그러나 사람의 마음은 우상을 만드는 공장과 같다고 했던 것처럼, 좋은 것도 우상이 될 수 있다. 이것을 경계해야 한다. 통일 자체가 목적이 되거나 우상이 되어서는 결코 안 된다. 그리고 통일을 생각할 때 교회와 그리스도인들이 경계해야 할 사항이 있는데, 바로 편협한 이원론적인 사고다. 즉 교회 안은 거룩하고 교회 밖은 세속적이라는 좁은 시각은 통일 한반도에 적합하지 않다. 보수 진영이 말하는 통일 개념과 진보 진영이 말하는 평화 개념은 이율배반적이지 않다. 그것은 변증법적 긴장 관계이며, 상호 보완적인 개념일 뿐이다.

하나님 나라는 교회뿐 아니라 사회와 우주적 차원으로 확장된다. 독일 교회처럼 무신론자들과 공산주의자들을 만날 때 교회 밖에서 순전한 믿음과 섬김으로 그들에게 다가가는 경우가 더 많을 것이다. 그것은 화석화 된 교리라기보다 역동적인 생명력이다. 통일을 꿈꾸는 신세대들(김경현 외)이 만드는 프로젝트를 《청년, 통일, 하자》(홍성사, 2016, pp. 248-262)에서 본 적이 있어 여기에 잠깐 소개하고자 한다. 통일은 아직 오지 않았지만, 젊은이들이 통일 준비 학교를 만들어 교회와 젊은이들과 함께 실속 있는 공부를 했다는 점에서 매우 신선하게 다가온다.

1주차 청년들의 뉴 통일 비전

2주차 곧 만나게 될 북한 친구 이해하기

3주차 통일 한국 재건 프로젝트(하드웨어)

4주차 통일 한국 재건 프로젝트(소프트웨어)

5주차 온전한 통일을 위한 우리의 준비

6주차 기대하라 통일 한국(수료 준비)

젊은 청년들이 힘을 모아 북한과 통일에 관심을 갖고 통일 준비 학교를 시작했다는 것이 도전이 된다. 이처럼 통일은 국가, 영토, 경제, 문화, 예술의 통일 이전에 사람의 통일이자 마음의 통일이 중요하다. 하나님 나라는 특수한 시간과 공간에 제한되지 않는다. 그것은 시간과 공간을 초월해서 미치는 하나님의 통치와 주권을 의미하기 때문이다.

자, 이제 그러면 우리는 어떻게 살 것인가? 한국 교회와 그리스도인들이 통일 문제를 정치인과 경제인, 기성세대의 몫으로 생각해 왔다면 이는 매우 위험천만한 생각이다. 과거 한국 교회와 그리스도인들은 암묵적으로 통일을 어떤 특정한 사람들의 일이라 생각해 온 적이 있었다. 또한 이러한 일에 부르심을 받은 소명자나 선교사의 일로만 간주해 온 것도 사실이다. 이러한 이유로 통일이 전 국민적이고 교회적인 관심을 받지 못해 온 것이라면 틀린 말일까?

그러나 이것은 하나님 나라의 관점과 일치하지 않는다. 왜냐하면 우리의 생각으로 하나님의 크신 능력을 제한하고 있기 때문이다. 애국이 곧 신앙은 아니다. 그러나 하나님을 믿는 그리스도인의 신앙 안에는 애국심이 내포되어 있다. 따라서 통일을 세상 정치인들과 경제인들에게만 맡겨서는 안 된다. 통일, 평화, 용서, 섬김은 오히려 기도하는 모든 그리스도인의 영적인 책임이다. 동시에 그 역사적 책임 안에는 그리스도인의 섬김과 코이노니아가 매우 실천적으로 강조되어야 한다. 이것은 하나님 사랑과 이웃 사랑을 나타내기 때문이다. 그리고 언젠가 한 알의 밀알처럼 썩어져 남북통일의 토대와 기초가 되고, 전 세계의 분쟁과 평화가 필요한 곳에 한반도가 제사장 국가처럼 쓰임 받게 될 것이다. 하나님이 원하시며 꿈꾸시는 정의로운 평화가 정착되는 거룩한 나라가 될 것이다.

자신의 남은 생의 관심을 통일 한반도에 쏟았던 고(故) 대천덕 신부도 기독교의 코이노니아가 진정한 하나님 나라의 요소가 될 것이라고 강조하며,《통일을 위한 코이노니아》에서 이렇게 말한다.

"만약 이러한 기독교 정신이 없다면, 거짓된 평화요, 번영과 평화라는 가면을 쓴 탐욕과 샤머니즘이 될 것이다. (코이노니아로) 서로 사랑하고, 겸손히 섬기며 하나님의 정의를 이 땅에 실현할 때 통일 한반도의 비전이 의미가 있을 것이다. 이런 의미에서 통일에는 대가가 지불될 것이다. 이러한 일은 거룩한 그리스도인이 할 수 있는 일이다."[58]

대천덕 신부도 통일을 위한 중요한 전제로서 하나님 나라의 코이노니아를 견지한다. 왜냐하면 그것이 참된 공동체를 구성하며, 하나님의 진리와 정의가 다스리는 나라의 토대가 되기 때문이다. 반대로 코이노니아가 결핍된 사회는 인간적인 나라를 보여 주는 특징이 되기도 한다.

앞으로 향후 10년이 중요하다. 모든 일에는 골든 타임이 있기 때문이다. 이제라도 개 교회마다 그리스도인의 가정에 탈북민을 위한 영혼의 베이스캠프를 만들자. 각 교회마다 북한 선교, 통일 선교

---

58   대천덕,《통일을 위한 코이노니아》(홍성사, 2012), pp. 19-40.

학교를 확산시키고 보급해 나가자. 주일마다 예배를 만들고, 통일 기도 모임의 깃발을 만들도록 하자.

신촌 아름다운교회 이규 목사는 통일 운동을 오랫동안 해 오고 있다. 이 교회에서는 전 교인을 대상으로 기도로 '국토순례대행진'(We do work) 운동을 펼치며 전국적인 네트워크와 뚜벅이 이벤트를 가져 화제가 된 바 있다. 이규 목사에 따르면, 국토순례대행진을 온 교우들과 함께한 까닭은 한반도의 통일이 온 교우들의 시대적 사명이 되길 염원했기 때문이라고 말했다. 이렇게 온 교회와 성도들이 꾸준하게 북한에 대한 관심과 통일의 마음을 모으는 것은 매우 고무적인 일이라 할 수 있다. 이처럼 우리도 통일 한반도의 리더가 될 수 있다는 마음으로 이러한 캠페인을 만들어 확산시켜야 한다.

이제 통일 한반도를 위한 영적 네트워크를 만들자. 이미 시작한 교회들도 있지만, 더 긴밀하게 남북한 교회와 전 세계 디아스포라 한인 교회와 그리스도인들과 연계해 통일을 교육하도록 하자.

16.
통일 소 이야기

하나공동체에 나오는 탈북민 한 분이 주도적으로 한국 교회와 네트워크해서 북한에 쌀 보내 주기 운동을 하고 있다. 그는 페트병에 쌀과 성경과 1달러를 담아 밀물과 썰물을 이용해 북한 주민에게 보내는 사역을 정기적으로 하는데, 이것을 실제로 받는 사람들이 있다고 한다. 하지만 어쩌면 이 모든 사역 행위 이면에는 고향 주민을 향한 관심과 그리움의 마음이 더 클 것이다.

언젠가 하나공동체 식구들과 강화도 통일전망대에 오른 적이 있다. 송악산이 바로 코앞에 보이는 그곳은 제적봉 평화전망대가 있는 지역이다. 고성 통일전망대, 파주 통일전망대와 함께 북한이 비교적 잘 보이는 지역으로 유명하다. 민간인 출입 통제 지역이라 삼엄한 분위기도 있지만, 전망대 3층에 올라가서 넓게 트인 북한 들녘을 바라보면 통일이 멀게만 느껴지지 않는다.

이때 3층에서는 짧은 동영상을 보여 준 뒤 가이드의 설명이 이어진다. 북한에서 곡창지대인 이 지역은 수심이 낮아, 바닷길에 익숙해지면 쉽게 탈출할 수 있어 정기적으로 북한 주민을 이주시킨다고 한다. 1996년 홍수가 심하게 났을 때 예성강 쪽에서 북한 소 한 마리가 유도라는 작은 섬에 떠내려왔는데, 군인들이 그 소를 구해 주어 보살피게 되었다고 한다. 남한 사람들은 그것을 통일 소라 불렀다. 그러자 이 소식을 들은 제주도의 목장 주인이 통일을 염원하며 평화의 소를 기증했는데, 이 둘이 교배를 해서 새끼를 낳아 개체 수가 많아지게 되었고, 사람들은 그 소들을 평화 통일 소라 불렀다.

1998년 6월 16일, 고향이 강원도 통천군 아산리였던 실향민 고 (故) 현대그룹 정주영 회장이 1,001마리 소 떼를 몰고 갈 때 평화 통일 소도 함께 북한에 가져갔다고 한다. 정 회장은 아버지가 소를 팔아 마련한 돈 70원을 가지고 가출했는데, 이제야 고향 집에 1,000마리의 이자를 가지고 온다며 당시 소회를 밝혔다. 소들은 자유롭게 통일되어 왕래하는데 남북한의 사람들은 언제 통일을 맞이할 수 있을까? 가이드의 설명이 끝나면 사람들의 가슴이 뭉클해지면서 통일에 대해 기도하는 마음이 생긴다.

우리 사회 일각에서는 남북한이 통일되는 것을 두려워하는 사람도 있다. 두려움의 이유는 통일하지 않아도 잘 살 수 있다는 생각 때문이다. 그리고 형제에 대해, 동포에 대해 책임지지 않으려는 자기중심적 생각 때문이다. 하지만 한반도에 태어난 대한민국 국민으로 통일을 두려워한다면 그것은 영적 패배주의 때문일 것이다.

그것은 한반도를 향한 하나님 나라의 계획과 비전을 바로 보지 못했기 때문이다.

그러나 생각해 보라. 오직 하나님 나라를 꿈꾸며 황무지와 같았던 조선 땅에 들어와 이름도 빛도 없이 섬긴 외국인 선교사들처럼 희생하며 섬기는 것이 얼마나 아름다운가? 하나님의 사랑을 품은 선교사들의 도움으로 전쟁의 잿더미에서 일궈 낸 한국이라면, 우리도 후손들과 하나님 나라를 위해 '통일 미래'의 비용을 기꺼이 지불해야 하지 않을까?

위대한 선교사들이 자발적으로 이 땅에 와서 우리를 섬긴 이유는 무엇일까? 그것은 예수님의 사랑과 복음 정신 때문일 것이다. 하나님 나라와 복음은 결코 개인주의 영성에 머무를 수 없다. 그것은 개인을 넘어 민족과 사회와 국가를 치유하는 능력이기 때문이다. 그래서 하나님을 뜨겁게 만난 사람들은 개인을 넘어 하나님이 부르시는 국가, 사회, 민족을 위해 자신의 삶을 초개처럼 버릴 수 있는 것이다.

모르드개가 에스더를 향해 외친 도전은 무엇인가?

"모르드개가 그를 시켜 에스더에게 회답하되 너는 왕궁에 있으니 모든 유다인 중에 홀로 목숨을 건지리라 생각하지 말라 이때에 네가 만일 잠잠하여 말이 없으면 유다인은 다른 데로 말미암아 놓임과 구원을 얻으려니와 너와 네 아버지 집은 멸망하리라 네가 왕후의 자리를 얻은 것이 이때를 위함이 아닌지 누가 알겠느냐 하니"(에 4:13-14).

하나님은 한국 교회와 성도들에게 많은 복을 주셨다. 이렇게 복을 주신 분명한 이유는 통일을 위한 골든 타임 때문이다. 그것은 나를 위해서가 아니라 하나님 나라의 사명을 위해 주셨다는 것이다. 한국 교회와 그리스도인들은 하나님으로부터 많은 은혜를 받았다. 은혜를 받은 자가 은혜를 갚는 방법은 무엇일까?

해마다 6.25가 되면 외국인들에 대한 고마움을 느끼고 감사하게 된다. 자신과 무관한 이국땅에 와서 에티오피아, 터키, 필리핀, 캐나다, 미국 등 전 세계 24개국이 넘는 사람들이 피를 흘려 이 나라와 민족을 지켜 주었기 때문이다.

언젠가 라디오 방송에서 이런 이야기를 들은 적이 있다. 젊은 청년이 전 세계를 다니며 한국전쟁에 참여한 노병과 베테랑들을 찾아 큰 절과 함께 감사 인사를 드린다는 것이었다. 그 한국전에 참전했던 노병들은 이미 많은 분들이 돌아가셨다. 더 돌아가시기 전에 그들에게 은혜를 받은 나라의 후손으로서 고마운 마음을 전하고 싶었다고 한다. 감동이 아닐 수 없다. 한 번은 에티오피아 지역의 노병을 찾아 인사를 했더니 그 사람이 이렇게 말했다고 한다. "우리의 손주들도 전쟁 이야기를 듣기 싫어하는데, 당신은 우리를 잊지 않았습니다. 우리를 잊지 않아 주어서 너무 감사합니다." 실제로 그 청년은 대한민국이 참전 용사들의 감사와 은혜를 잊는 것 같아 마음에 새기기 위해 전 세계를 돌아다니는 것이라 말해 주변을 놀라게 했다.

지난해 6.25 기념식에서는 청와대에 초청을 받은 한국전쟁 참전 용사들이 대통령의 영접을 받으며 함께 식사를 했다고 한다. 그 자리에서 대통령은 베테랑들에게 다음과 같이 질문했다.

"여러분의 도움으로 대한민국이 이렇게 잘사는 나라가 되었습니다. 이제 저희가 여러분을 위해 무엇을 해 주면 좋겠습니까? 어떻게 대한민국이 여러분의 은혜를 갚을 수 있겠습니까?"

그때 한 노병사가 대답했다.

"은혜를 받은 사람이 은혜를 갚는 방법은 은혜를 잊지 않는 것입니다. 여러분들의 기억 속에 우리를 잊지 말아 주십시오."

케네스 배도 자신이 북한의 노동교화소에 있을 때 가장 힘들었던 시간은 모든 사람들에게 잊혀 간다는 사실이었다고 술회한다. 그러나 그 당시 칠흑 같던 감옥에서 생존할 수 있었던 비결은 자신을 위해 구명 운동을 벌이고 기도해 준 온 국민들의 지지였다고 한다. 그것을 통해 자신을 잊지 않고 기도해 주는 이가 있으니 반드시 살아서 나가야겠다는 다짐을 했다고 한다. 그는 그러한 사랑과 힘으로 북한에서 나와 《잊지 않았다》(두란노서원, 2016)란 책을 쓰고 전 세계를 네트워크하며 통일 기도 운동과 함께 북한 사역을 하고 있다.

17.
하나님 나라와 통일 드림

그날이 오면, 그날이 오며는

삼각산이 일어나 더덩실 춤이라도 추고

한강물이 뒤집혀 용솟음칠 그날이

이 목숨이 끊기기 전에 와주기만 하량이면

나는 밤하늘에 날으는 까마귀같이

종로의 인경을 머리로 들이받아 울리오리다.

두개골은 깨어져 산산조각 나도

기뻐서 죽사오매 오히려 무슨 한이 남으오리까.

그날이 와서, 오오 그날이 와서

육조 앞 넓은 길을 울며 뛰며 뒹굴어도

그래도 넘치는 기쁨에 가슴이 미어질 듯하거든

드는 칼로 이 몸의 가죽이라도 벗겨서

커다란 북을 만들어 둘처메고는

여러분의 행렬에 앞장을 서오리다.

우렁찬 그 소리를 한번이라도 듣기만 하면

그 자리에 거꾸러져도 눈을 감겠소이다.

- 심훈, 〈그날이 오면〉

이 시는 어쩌면 이 땅에 와 있는 모든 탈북민의 가슴에서 울려 퍼지는 노래이자 온 겨레의 소원일 것이다. 그들뿐 아니라 세계가 한반도의 통일이 될 그날을 소원하고 있는지도 모른다.

장차 한국 교회와 그리스도인은 언젠가 통일이 되면 조중 접경 지역, 신의주, 압록강, 두만강, 원산, 나진, 청진에서 수련회와 아웃리치 할 날도 멀지 않았다. 그때는 세계의 지도가 지금과 전혀 다르게 변화되어 있을지도 모른다. 급변하고 있는 세계정세처럼 한반도의 지형도 새롭게 변화되어 있지 않을까? 그러한 통일의 상상은 생각만 해도 즐겁고 유쾌한 것이다. 하지만 심훈보다 구약의 선지자 이사야가 예언한 거룩한 하나님 나라의 모습을 상상해 본다면 통일은 우리의 심장을 고동치게 만든다.

"그가 열방 사이에 판단하시며 많은 백성을 판결하시리니 무리가 그들의 칼을 쳐서 보습을 만들고 그들의 창을 쳐서 낫을 만들 것이며 이 나라와 저 나라가 다시는 칼을 들고 서로 치지 아니하며 다시는 전쟁을 연습하지 아니하리라"(사 2:4).

"그때에 이리가 어린 양과 함께 살며 표범이 어린 염소와 함께 누우며 송아지와 어린 사자와 살진 짐승이 함께 있어 어린아이에게 끌리며 암소와 곰이 함께 먹으며 그것들의 새끼가 함께 엎드리며 사자가 소처럼 풀을 먹을 것이며 젖 먹는 아이가 독사의 구멍에서 장난하며 젖 뗀 어린아이가 독사의 굴에 손을 넣을 것이라 내 거룩한 산 모든 곳에서 해됨도 없고 상함도 없을 것이니 이는 물이 바다를 덮음같이 여호와를 아는 지식이 세상에 충만할 것임이니라"(사 11:6-9).

▷ 통일의 도로 표지판: 아시안 하이웨이

▷ 세계 지도와 뉴 실크로드, 유라시아 철도

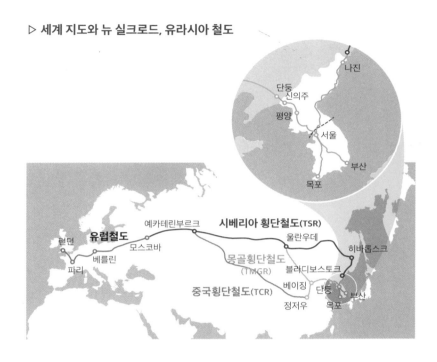

나
가
는
말

나는 이 책의 첫 부분을 최경철 형제, 현영애 자매, 현준이의 이름을 언급하며 시작했다. 이제 이 책을 마무리하며 하나공동체의 성도인 '만사일생' 주인공 부부의 이야기로 매듭지으려 한다.[59]

만사일생은 고(故) 황장엽 선생이 이들 부부를 보며 붙여 준 말로, "만 번의 수없이 많은 죽을 고비에서 살아남, 곧 매우 위험한 처지에서 겨우 죽음을 모면함"을 의미한다.

4년 전 남북한 사람들이 통일을 준비하며 모인 하나공동체에서 처음 설교를 했던 적이 있다. 나이가 지긋한 성도 한

---

59 홍순경, 《만사일생》(바른기록, 2014). 이 책에서 저자는 태국에서 북한 참사관으로 근무할 때 아내, 아들과 함께 자유를 찾아 북한의 통제를 뿌리치고 대한민국으로 오던 우여곡절을 생생하게 그리고 있다. 어린 시절의 북한 생활, 외화 벌이의 북한 외교관 생활, 만 번 죽을 고비를 넘겨 온 그의 자전적 삶의 고백이다.

분이 설교하는 시간 내내 우는 것을 보았다. 너무 우셔서 약간 의아했던 나는 내 설교에 공감이 되고 은혜로워서 우시는가 속으로 생각했는데, 예배가 끝난 뒤 나에게 찾아와 내 손목을 잡으며 이렇게 말하는 것이었다.

"목사님…, 목사님…, 저도 북한에 목사님 같은 아들이 있는데, 예배 중 목사님 얼굴을 보는데 북한에 두고 온 내 아들이 생각나 울었어요. 나는 이렇게 멀쩡하게 살아 있고 호강하는데, 내 아들은 안전하게 살아 있는지 죽었는지 불안하고 걱정이 됩니다. 큰아들만 북한에 두고 남한으로 온 것이 살수록 너무 죄책감이 듭니다. 내 아들이 나같이 못난 부모를 만나서…."

그 순간 나는 아무 말도 할 수 없었다.

탈북민, 그들은 누구인가? 그들 모두는 기뻐도 기쁘지 못하고, 슬퍼도 슬퍼할 수 없는 부자유한 자유인들이다. 남과 북 어디에도 속하지 못한 나그네들이다. 정작 자유와 행복을 찾아 남한에 왔지만, 이들은 두고 온 고향과 가족, 친인척들 생각에 늘 긴장하고 불편하게 살아가는 사람들이다. 우리가 이들 곁에서 강도 만난 자의 이웃이 되어 주고, 친구가 되어 주어야 할 이유가 여기에 있는 것이다. 우리가 그들을 이해하기 전에는 그들을 도울 수 없기 때문이다. 그리스도인은 탈북민을 돕는 참된 이웃이 되어 주어야 한다. 누가복음 10장에서의 이웃이란 도움을 주는 자다. 도움이 필요한 사람에게 도움을 주는 것, 그것이 하나님의 기뻐하시고 선하신 뜻이기 때문이다.

《만사일생》이란 책에는 탈북민들에 대한 자세한 사연이 나온다. 북한의 외교부에서 일하던 이가 어느 날 북한 체제에 환멸을 느껴 탈북하기로 결정했다. 그러나 정치적 모함으로 이미 숙청 대상 명단에 반복해서 올랐던 그는 북한에서 그들을 데리고 가기 위해서 온 요원들을 피해 자결하고자 했다. 그래서 남편이 먼저 죽고 아내가 죽으려 했다. 그런데 죽지 않고 기적적으로 살게 되었다. 아니, 죽으려 했다가 살아나 북한으로 끌려가고 있으니 당시에는 기적이 아니었을 것이다.

북송되던 중 그들은 초월적인 하나님의 기적을 경험하게 되었다. 작은 버스에 탑승해 태국의 도로를 달리던 중, 갑자기 바퀴가 빠지더니 차가 전복되는 사고가 일어나게 된 것이다. 큰 교통사고였기에 태국 경찰이 개입되면서 그들은 북한 인권과 관련해 세계적 이슈가 되어 태국 정부의 수사에 오르게 되었다. 마침 이때 그들은 태국 정부에 도움을 요청해서 천신만고 끝에 남한에 오게 되었다. 이 과정에서 북한 정부와 태국 정부 사이에는 외교 마찰이 생기기까지 했다. 그러나 북한과의 외교 단절이라는 초강수를 둔 태국 총리의 도움으로 이들은 남한에 무사히 도착할 수 있었다고 한다. 마치 한 편의 영화 같은 이야기다.

이것은 고향을 상실한 탈북민 한 사람의 예에 불과하다. 이 땅에는 그들과 같은 100만 실향민, 3만 2천여 명 되는 탈북민들의 이야기가 있다. 예수님이 이 땅에 오신 목적은 그들을 위해서다. 예수님의 성육신 사건을 유진 피터슨은 "그가 우리의 이웃이 되었다"라고 간결하게 표현한 적이 있다. 그가 우리 곁에 가까이 오신 목적은 우리를 섬기기 위해서다. 통일, 그것은 그리스도인의 섬김이자 책임임을 잊어서는 안 된다.